お金がずっと
増え続ける

投資のメソッド

――アイドルのわたしでも。

乃木坂46
高山一実

マネーパートナーズ社長
奥山泰全

PHP

プロローグ

あるインタビュー

――　……なるほど。そういった経緯で、アイドルの高山さんが投資のプロである奥山社長に、投資のイロハを伝授してもらうという企画が立ち上がったわけですね。実際に投資をやってみてどうでした？

高山一実　そうですね……ここに６カ月ぶんの取引の記録があるんですけど。

――　拝見します。

高山　どうぞ。玉帳（ぎょくちょう）といって、これだけは何があっても絶対につけるように、というくらい大事なものです。

――　……なるほど。この運用実績は、公開しても大丈夫ですか？

高山　え？　どういう意味ですか？

――　いや、最終的にマイナスになってしまっているようなのですが、明らかにしても大丈夫でしょうか？

高山　あー、そういうことですか（笑）。そうですよね。初心者はここを見ちゃうんですよね。で、「失敗した」みたいな。　でも、何の問題もありません。うまく行っています。

合計損益(円)
−154,671

―― 200万円の資金で始めた投資の合計損益が、半年たった時点で−154,671円でも、問題ない。むしろ成功していると。

高山　そうなんです。……といっても、わからないですよね。

―― 正直、わからないです。

高山　長方形ではなくて、平行四辺形を見ないといけないんですけど……。

―― 長方形？　平行四辺形？？？

高山　うーん、どこから説明しましょうか……。

お金がずっと増え続ける
投資のメソッド

目次

プロローグ ……………………………………………………………… 001

講義1 2016年7月某日 …………………………………………… 007

"先生"の自己紹介 ……………………………………………… 008
135歳までどう生きるか ……………………………………… 010
お金持ちとはなんだろうか？ ……………………………… 016
未来のことは誰にもわからない …………………………… 020
投資とギャンブルの違い ……………………………………… 023
わかっておかなくてはいけないこと ………………………… 026
一生付き合える投資対象 ……………………………………… 029
持って逃げられない資産のリスク ………………………… 030

講義2 2016年8月某日 合計損益 0円 …………………… 041

はじめての投資 ………………………………………………… 042
スタートは1,350ドル ………………………………………… 045
決まった値段で売り買いする ……………………………… 046
手付金と値段を区別しないとダメ ………………………… 047
安く買って、高く売る ………………………………………… 050
三つの宿題 ……………………………………………………… 057
歯を磨くように、投資する …………………………………… 064

講義3 2016年10月某日 合計損益 −51,999円 ……… 069

２カ月半の「仕込み」 ………………………………………… 070
2,800回取引をしたら起きること ………………………… 071
こんなにすごい！ 複利の威力 …………………………… 075

年利15%を侮ってはいけない ……………………… 081
取引をしてみなければわからない ………………… 084
大きな資産でも同じ運用ができる ………………… 087
「下がるとうれしい」という境地を目指す……………… 090
素人とプロを分ける"玉帳"の存在 ………………… 092

講義 4　2016年11月某日　合計損益 −189,887円 ……… 099
なぜサボってしまったのか？……………………… 100
大事なことは経験しないとわからない ……………… 101
見ると実際やるとは大違い！ ……………………… 104
マイナスのときこそ、しっかりとしよう ……………… 106
マイナスでも、少しずつ有利になっている ………… 108
平行四辺形を意識せよ……………………………… 111
タダより安いものがある …………………………… 116
コストダウンこそ投資の真髄 ……………………… 128

講義 5　2016年12月某日　合計損益 −556,979円 …… 133
7万円ぶん有利になる ……………………………… 134
投資で食べていくためには ………………………… 135
投資が貯蓄を追い抜く！ …………………………… 140
先生のはじめての話 ……………………………… 145
お金を増やす一番の近道 ………………………… 147

講義 6　2017年2月某日　合計損益 −154,671円 ……… 151
半年間で積み上げたもの …………………………… 152
長く続ければ負けない ……………………………… 158
投資で人生設計が変わった ………………………… 163
やりたい仕事をするために ………………………… 167
読み・書き・そろばんの本当の意味 ………………… 169
お金はお金でしかない ……………………………… 173

あとがき…………………………………………………… 179

講 義 1

2016年7月某日

"先生"の自己紹介

奥山 講義のはじめに、まず僕がどういう人間なのかを説明しておきますね。

高山 お願いします。

奥山 僕は1990年、20歳のときから12年間、自分で投資家をやっていました。

高山 個人投資家、ということですよね。

奥山 そうです。
　投資を始めたときの資金が150万円で、2002年に訳があって投資家をやめたときには〇億円になっていた。

高山 えっ！？…………150万円が、12年間で〇億円ですか？

奥山 そのとき、なんで個人投資家をやめたのかというと、証券会社の取締役になったから。法律で証券会社の役職員は不正を起こさないように、金融取引をしてはいけないことになっているのです。
　それから2006年まで、その証券会社で何をやったかというと……。日経平均って聞いたことありますか？

高山 はい。

奥山 その日経平均に投資できる、取引のシステムがあるんです。それを日本で最初に作ったのが僕です。つまり、個人投資家から取引のシステムを作る人に転じたわけ。
　2005年にはその会社が上場したので、また個人投資家に戻ろうと思っていたら、「奥山くん、この会社をちょっと助けてよ」とお声がかかった。それがマネーパートナーズという会社。そこで2007年からいままで社長をやっています。
　マネーパートナーズは東証一部上場の会社で、時価総額は現在250億円くらい。僕の個人資産はほとんど株だから、現金はそんなにないけれど、それなりに資産はあります。これまで26年間、ずっと投資の世界で生きてきて、教えた生徒さんも延べ何千人といらっしゃいます。
　そういう僕が教えるので、安心して勉強してください。

高山 はい。がんばります。

奥山 一つだけ約束があります。

高山 なんでしょう。

奥山 僕のことを社長と呼ばないでください。

高山 なんてお呼びすればいいですか？

奥山　先生って呼んでください。

高山　はい、わかりました。先生。

135歳までどう生きるか

奥山　早速はじめましょう。
　まず、平均寿命が延びていくという話から。
　高山さんは、いまの平均寿命が何歳なのか知ってる？

高山　女性が80代後半くらいですか。

奥山　そうですね。87歳を超えたくらい。男性が80歳くらいです。
　では、第二次世界大戦が終わった1945年の平均寿命って何歳ぐらいだったか知ってる？

高山　いまよりかなり短そう……。60代くらい？

奥山　43歳。

高山　えっ、そんなに。

奥山　いまは2016年だから、70年間で平均寿命は40歳伸

びたことになる。
　ということは——ここからはちょっと大胆な計算をするけれども——高山さんは、いま22歳。70年後、92歳になる頃には、この計算でいけば平均寿命はどのくらいまで延びていると思う？

高山　120歳くらいにはなっていますかね。

奥山　さらにそこから、高山さんが120歳まで生きるには30年近くある。そこでまた寿命が延びる。高山さんが120歳になる頃には、平均寿命が135歳になっていてもおかしくない。
　そう考えると、高山さんの人生はたぶん22世紀まで続く。

高山　えっ……さすがにそこまでは考えたことがなかったです。

奥山　「本当か？」と思う人もいるでしょう。でも、実際にガンの特効薬は出来つつあるし、iPS細胞の研究が進んでいたり、ロボット技術の進歩で義手や義肢もどんどん高性能になっている。環境も改善されている。昔はみんな本当に汚いところに住んでいたし、公害だってひどかった。
　なので、いまは、「人間は死ななくなるんじゃないか」ということが本気で言われている時代なのです。
　では、高山さんが135歳まで生きるとして、いくつになったら働けなくなると思う？

高山　50代半ばとか。

奥山　早いね（笑）。50代半ばから先は働けなくなる。残り85年間の人生と考えてもいいけれど、控えめに100歳まで生きるとして、50歳から100歳までの50年間と考えようか。その間はどうする？

高山　長いですよね。

奥山　働けなくなってお金はどうするのか？　ということですよね。
　これは別に高山さんに限らず、いま働いている人はみんなそうです。60歳とか65歳で定年退職を迎えた後はどうするのかというと……。

高山　お金を貯めておく。

奥山　みんな貯蓄を食いつぶしながら生きていくとか、年金を当てにするとか考えている。……で、年金はもらえると思いますか？

高山　え……うーん……。

奥山　たぶん年金はなくなる。
　20代から60歳までの現役世代1人が、だいたい2.5人ぐ

らいのおじいちゃん、おばあちゃんを支えなければいけない時代があと15年もすれば来るからです。少なくとも、いまのレベルで年金がもらえるということはない。

高山　自分のお金で何とかしていくしかないということですね。

奥山　そのとおり。
　仮に、月に手取り30万円必要だとして、1年間では360万円が必要。これが50年間だと単純計算で……。

360万円×50年間＝1億8,000万円

高山　うわっ。

奥山　月々の生活費が30万円の生活をするだけで、50年間でこれだけかかる。貯金を1億8,000万円持っていないといけない。
　しかもこれは物価が上がることを考慮していません。
　だいたい世の中の平均を見ると、平均で1年に1％ずつぐらい物価は上がっている。

高山　じゃあ、月に30万円の生活費がかかっていたのが、1年後には月に30万3,000円かかるようになる……。

奥山 そうです。さらに次の年は、30万3,000円の1％ぶん上がるから、30万6,030円。

　そして、これを50年先まで計算するとどうなるか。つまり、高山さんが100歳になる年です。このときには、毎月の生活費は49万3,390円。約50万円です。

高山 50万円！？

奥山 180円だったコーヒーが300円になっている、という感じですね。

　今は年に1％物価が上がる、と考えたけれども、日本銀行は毎年2％のインフレを目指すと言っています。もし、毎年2％ずつ物価が値上がりしていくとどうなるかというと、50年後には毎月約80万円必要になってしまいます。180円のコーヒーが500円になるということ。

　つまり、1億8,000万円必要だった貯金が、3億円必要になるということなのです。

高山 3億円も貯金しないといけないんですか……。

奥山 3億円、貯められそうですか？

高山 ちょっと想像できないです。

奥山 では、1億円貯金するのにどれくらいかかると思いますか？　働いて、平均的な収入を得ている人の場合で。

高山　うーん……40年とか、50年とか？

奥山　計算の仕方にもよるけれど、278年かかる。

高山　えっ！

奥山　仕事をしている現役世代の月給の平均は約35万円です。新入社員から、定年直前の人まで、働いている世代全体の平均です。
　これに対して、現役世代の1カ月の生活費の平均は32万円。毎月いくら貯金できますか？

高山　3万円です。

奥山　そう、月に3万円は貯金できる。毎月3万円貯金すると、1年で36万円。

高山　1億円を36万円で割ると、277.77777……たしかに278年かかりますね。3億円どころか、1億円貯めるのも無理です。

奥山　ですよね。
　今の計算は、利息のことは考えていません。たとえば貯蓄しながら毎年3％の利息がつくと考えると、75年で1億円貯められる。8％なら40年。15％なら26年で1億円の貯金が

できる。

高山　でも、銀行にお金を預けても、利息ってそんなにつかないですよね。

奥山　まあ、年利0.1％とか、そんなものですね。貯金をして100歳まで生きていくのは厳しいということがわかると思います。

お金持ちとはなんだろうか？

奥山　ところで高山さんは、お金持ちっていくらくらいお金を持っている人だと思います？

高山　1億円とか。

奥山　でも、1億円じゃ定年後の30年ももたないんだよね。

高山　いままでは、宝くじで2億円とかが当たったら、遊んで暮らせると思っていました。

奥山　遊んでは暮らせないね。さっきの計算だと、蓄えだけで老後を過ごそうと思ったら、最低2億円貯めておかないと無理、という感じです。

高山 甘かったです……。

奥山 じゃあ、お金持ちというのはいくら持っている人なのかというと、1億円持っている人でもなければ、10億円持っている人でもなければ、50億円持っている人でもない。
　お金持ちというのは、持っているお金がなくならない人のことを言うのです。

高山 どういう意味ですか？

奥山 「使っても使ってもお金がなくならない」という人がお金持ちです。お金「持ち」というけれど、実際はお金を持っている人ではなくて、お金の増やし方を知っている人のことなのです。
　お金のことをきちんと考えられて、増やせる人でないと豊かにはなれません。

高山 はあ……。

奥山 大丈夫？

高山 大丈夫です。自分の考えがいかに甘かったか、反省していました（笑）。

奥山 これからは、本当にシニアがプアになっていく時代です。親たちの世代ほど豊かには生きていけない。だからこそ、

資産運用とか投資について真剣に考えなければならない。

　20代のうちは、元気に動きまわれますから、必要なお金を100％、体を使って稼いでもいい。ところが、時間がたつにつれて、そうも言っていられなくなる。体が動かなくなってきて、いままでのように体力だけでは稼げなくなる。

　そのぶんお金に仕事をさせるようにするのが投資なのです。

　50歳なり60歳なりでリタイアを決め込んでからは、100％お金に仕事をさせるようになる。これが理想です。

　アメリカやヨーロッパの裕福な人は、若い頃からみんなこういうライフプランを描きながら働いています。

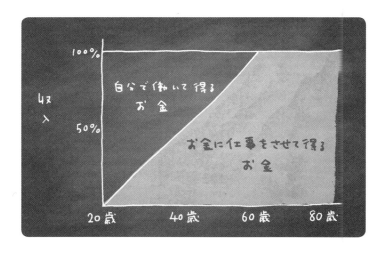

　さっきの30万円の話に戻ると、物価が上がらないとしても、50歳から100歳まで月に30万円かかる暮らしを続けるためには1億8,000万円貯めなければいけない。蓄えを食い

講義1　2016年7月某日　　019

つぶしながら暮らすのであれば。

高山　もし、そこでお金が減らないようにする方法を知って
いれば……。

奥山　そうだね。
　1年間に360万円必要なとき、お金を年に10％増やす力が
あれば、もとのお金が3,600万円あればいい。1年間に360
万円増やせるのだから。
　もし年に5％増やす力があれば、もとのお金は7,200万円
必要となります。
　つまり、投資で確実に増やす力をどれくらい持っているか
によって、蓄えなければいけないお金は変わってくる。しっ
かりと増やせる人であればあるほど、手元のお金は少なくて
も大丈夫。
　貯金は5,000万円でも、この人が年に20％確実に増やせ
る力があったらお金持ちなのです。

高山　逆に、2億円貯めた人でも、お金を増やす方法を知ら
なかったらお金持ちではない。

奥山　そう。貯金しておくだけだったら、利率は0.1％とか
ですからね。
　にもかかわらず、ほとんどの人がお金に仕事をさせる技術、
知識がゼロなのです。だから、60歳で引退したあと大変な
ことになる。「うまい話」に飛びついて退職金をなくしたりね。

高山　私も、いま教わらなかったらそうなっていたと思います。

未来のことは誰にもわからない

奥山　とはいえ、確実にお金を増やすなんていうことができるのか。投資ってそんなにうまくいくの？　という疑問が当然あると思う。

高山　はい。気になります。大損する人もいますよね。

奥山　僕に言わせると、失敗する人は無免許運転みたいなことをやっている。知識がない。基本を知らない。
　「知り合いからいい株があると聞いたから買った」とか、「イギリスがＥＵから離脱するんでしょ？　やっぱりユーロは売りかな」とか、「これからは○○関連の株だ」とか……たいていの人は投資というとそんな感じでやっている。

高山　たしかに、そういうイメージがあります。新聞を読んだりして情報を集めて、「いまはこれが買いだ」とか。

奥山　あとは、「奥山社長、投資の神様なんでしょ。何かいい株教えてくださいよ」とか（笑）。
　そういうのは、じつは投資ではないのです。

高山　違うんですか?

奥山　競馬で「どの馬に張ったらいいか」って言っているのと同じかな。

高山　ギャンブルみたいなものですね。

奥山　危ないからやめておきなさい、と言いたくなる。
　株でもなんでもいいんだけれど、価格がこう動いているとします。

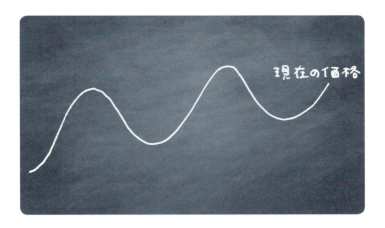

　いまの価格がここだとして、じゃあこの先上がるか、下がるかわかる?

高山　いえ、わかりません。

奥山 僕もわからない。

　すごく当たり前のことなんだけれど、将来のことって予測できる？　できるわけがない。神様じゃあるまいし、未来のことは誰にもわからない。

　この間のイギリスの国民投票（2016年夏）だって、「イギリスはEUに残留するに決まってる」とみんな言っていたでしょう。

高山 投資のプロと言われるような人たちは、未来を予測できるんだと思ってました。

奥山 テレビや新聞に出ている評論家とか、アナリストとかいう人たちがいますよね。ああいう人たちが何をしているのかというと、「ここまで値段が下がったのは、こういう理由です」「この会社の株価が上がったのはこういうわけです」と説明しているだけ。つまり、昔の話をもっともらしく後づけで説明しているだけです。

　未来のことなんて絶対にわかるわけがない。

　僕らは大事なお金を投資します。そのときに偉い評論家だとか、自称専門家だとか、すごく頭のよさそうなアナリストだとか……の言うことを気にしてはいけません。人が何と言っていたかは関係ないのです。

　僕に言わせれば、資産運用や投資の話をする人は、ほとんどの人が偽者です。

高山　投資に対するイメージが変わってきました。

投資とギャンブルの違い

奥山　この講義では、理屈だけではなくて投資の実践を教えます。つまり、実際に投資してみるということ。

高山　はい。

奥山　軍資金は、とりあえず200万円。資産運用のためには、このくらいの塊(かたまり)はほしい。100万円だとちょっと少ない。まして、5万円だとか10万円だと、どうしても博打(ばくち)のようになってしまいがちです。
　では、この200万円をどうやって増やすのか。
　「ここだ！」というところで200万円全部投入して、400万円に増えたとする。これは投資と言えますか？

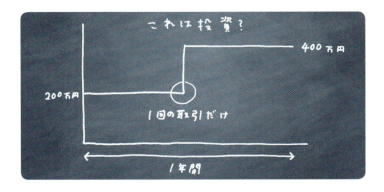

高山 ギャンブルだと思います。

奥山 そうです。株だろうが、為替だろうが、「ここだ！」というところでドンとお金を入れてうまくいった、というのはギャンブルです。
　自分はギャンブルではなく、資産運用をしていると言えるためには、「1回やってうまくいった」ではダメなのです。一発勝負ではなくて、斜め線を描かなくてはいけない。

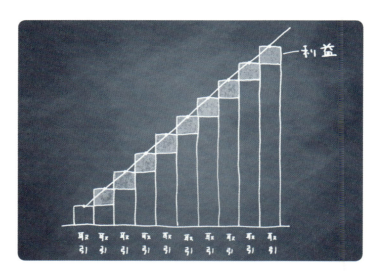

　斜め線を描くためには、たくさんの点が必要です。つまり、投資とか資産運用は、複数回取引をする。これが前提になっている。何回も取引をするから投資なのです。
　難しいかな？

高山 「取引をする」ということがどういうことなのか、わからないのですが。

奥山 それは、今は単純に「売ったり買ったりすること」でいいです。

高山 じゃあ、200万円の軍資金をいきなり全部使うのではないということですね。

奥山 たとえば、1,000万円の軍資金を集めてラーメン屋さんを開いたとします。いきなり1,000万円全部を使って麺や豚骨を仕入れないでしょう。

高山 たしかに。

奥山 それと同じ。大事な軍資金を1回で使い切ってしまうようなことはしません。200万円というのは、絶対になくしてはいけない大事なお金です。これを大事に、大事に増やしていくのです。だから、「いい株を見つけたから200万円ぶん買った」なんていうのは投資とは言わない。

高山 納得しました。私の考えていた投資とは全然違いますね。

奥山 そうでしょう。大体の人は勘違いしているから、僕の

話を聞いて「目からウロコが落ちた」と言うのです。

わかっておかなくてはいけないこと

奥山 突然ですが、高山さん。じゃんけんをしたことにある？。

高山 じゃんけんですか？　もちろんありますけど。

奥山 じゃあ、ちょっと想像してみてください。僕とじゃんけんをして、勝ったら100円あげます。そのかわり、僕が勝ったら、100円ください。軍資金はお互い、100円玉を10万円ぶんずつ。
　……という条件で、1,000回勝負した、としましょうか。結果、それぞれの持っているお金はどうなっていると思いますか？

高山 もとの10万円とあまり変わらない？

奥山 そうなるでしょうね。真剣勝負のじゃんけんなら、高山さんが偶然勝つ確率は50％、偶然僕が勝つ確率も50％。
　ということは、どちらかが2,000円勝っているとか、800円買っているということはありうる。けれども、高山さんが20万円持っていて僕がすっからかんということは、確率的に考えにくい。

ちなみに、この結果は計算することができます。1回に賭けるのが100円、掛ける1,000回で、勝てる確率は50％とすると、

◎ 勝ち
$$100 \times 1,000 \times 50\% = 50,000 \text{円}$$
◎ 負け
$$-100 \times 1,000 \times 50\% = -50,000 \text{円}$$

　こうやって計算すると、結果は勝ち50,000円、負け50,000円。負けないけれども、勝ちもしない。

　プラスマイナスゼロで、差し引きゼロになるだろうという結果が予測できます。
　じゃあ、条件を変えましょう。少しおまけして、高山さんが勝ったら200円あげる。僕が勝ったら、いままでどおり100円もらう。この条件で1,000回繰り返すとどうなるか。

高山　同じように計算すると……。

の勝ち
$$200 \times 1,000 \times 50\% = 100,000 \text{円}$$

の負け
$$-100 \times 1,000 \times 50\% = -50,000 \text{円}$$

プラス10万円、マイナス5万円で差し引き5万円のプラスです。

奥山　ということは、この場合は高山さんのお金は15万円くらいになると予測できる。このプラス5万円になるっていうのを、確率の世界では「期待値」といいます。
　この期待値を上げる方法はほかにもあって、勝ち負けそれぞれ100円ずつの受け渡しだったとしても、たとえば、あいこのときにも高山さんが100円もらえることにする。すると、3回に2回は勝てるわけだから勝率66%。

○勝ち
100 × 1,000 × 66 % = 66,000 円
○負け
-100 × 1,000 × 34% = -34,000 円

　差し引きで32,000円のプラスになる、と予測できるわけです。

高山　未来は予測できないけれど、期待値は計算できますよね。

奥山　そう。投資では、勝つときにはいくら勝つのか、どのくらい儲かるのか。負けるときにはいくら負けるのか、どのくらい損をするのか……がわかっていることが大事。あと

は、1,000回、2,000回と同じことを繰り返していけばお金を増やせる。これが本当の投資です。

　ちなみに、僕が個人投資家だった1990年から2002年までの間に取引した回数は6,000回。勝率は68％です。

高山　それで150万円が◯億円になった……。

奥山　「これなら勝てる」というやり方を知っていて、同じやり方を繰り返すことによって確実にお金を増やす。これがプロの投資家です。

一生付き合える投資対象

奥山　同じやり方を繰り返すためには、一生付き合える投資対象を見つけなくてはいけません。

　せっかく「これなら勝てる」という方法を見つけても、それまで投資していたものが急になくなってしまったら困るでしょう。

　たとえば、個別の株式は、その会社がなくなったらもう買うことはできません。

高山　じゃあ、なくならない投資対象ってなんですか？

奥山　高山さんがいまから投資を始めて、50年先も投資を続けられるものとなると、かなり絞られてきます。

たとえば、日経平均株価はなくならない。個別の会社はなくなったり、上場廃止になるかもしれないけれど。

　あるいは、アメリカという国もおそらくなくならないでしょうから、その通貨がなくなることもない。ドル円とか、ユーロ円といった外国為替も一生付き合える投資対象です。

　それから、金、ゴールドもなくならないでしょうね。

高山　日経平均、為替、金ですね。これらを全部やったほうがいいんですか？

奥山　いや、どれかでいい。一生付き合っていける投資対象を一つ選ぶ。3人と同時に付き合うような器用なまねは、しなくていいんです。

持って逃げられない資産のリスク

高山　あの、不動産投資はどうなんですか？　サラリーマンの人が投資用のマンションを買うとか、いまけっこう流行ってますよね。

奥山　なるほど。資産運用というと、最近では不動産投資を考える人がけっこういますね。投資ではなく、自分で住むための家を買う人は、もっと多い。

　でも、僕は不動産については否定派です。

高山 家とかマンションは買わないほうがいいってことですか？

奥山 たとえば一軒家を買ったとします。隣に引っ越してきた人が騒音を出したり、ゴミを溜め込んだりするような、迷惑行為を繰り返す人だったらどうします？

高山 うーん、それは困りますね。

奥山 困るけれども、家を買ってしまったら引っ越すことも難しくなります。
　そんなことはめったにないと思うかもしれませんが、必ず起きる問題もあります。たとえばキッチンとか風呂場などの水回りが老朽化すること。だいたい15年もすると古びてくるものです。しかも、水回りはレベルアップして便利になっていくスピードも速いので、新しいものを使ったほうがいい。
　だから、不動産は買ったらそれで済むかといえばそんなことはなくて、定期的にお金をかけてメンテナンスしないといけないのです。

高山 そうか、メンテナンスにコストがかかるわけですね。

奥山 それだけではありません。売りたくなったときに不動産は簡単に売れるかというと、そうではないですよね。急に引っ越さなければならなくなって、「家を売りたい」と不動産屋さんに持ちかければ、相手は必ず足元を見てきます。1

億円で買ったマンションでも、「8,000万円なら」と値切られてしまう。これは投資用に持っている不動産でも同じです。

高山 じゃあ、簡単に売り買いを繰り返してお金を増やす、というわけにはいかないですね。

奥山 動かない財産だから不動産というわけだけれども、動かないということは、いざというときに持って逃げられないということでもあります。動かない財産をたくさん持っていることは逃げられないというリスクを負うことだし、メンテナンスも大変だし、売る時には値切られやすい。

そう考えると、資産として考えたときには不動産はあまりおすすめできません。

もちろん、お金とは関係なく、「実家には思い出がたくさんあるから大事にする」といったことは、あってもいいと思うけれども。

高山 不動産投資って、むずかしいんですね。

奥山 ちょっとお金に余裕ができると、「私も賃貸マンションのオーナーになろうかな」というのはよくある話です。「家賃で安定収入を」とかね。でも、実際には不動産を持つリスクはけっこうある。

それよりも、お金に仕事をさせる、いつでもお金を増やせるノウハウを持っていたほうがいい、というのが僕の考えです。

高山　とすると、やっぱり日経平均、為替、金のどれかが良さそうですね。

奥山　じゃあ、その三つを検討していきましょうか。

　さっき、物価は上がっていくという話が少し出ました。

　物価が上がっていくっていうのはどういうことかというと、たとえば大福屋さんがあったとします。

　このお店はおじいちゃん、おばあちゃんと息子夫婦の4人でやっていて、大福は1個200円。年間に1,000万円の利益が出ているとします。

高山　繁盛してるんですね。

奥山　この店の大福を食べた僕は、「買収して拡大展開したらもっと利益が出るかもしれない」と考えた。そこで、「いくらだったら売ってくれますか」と聞いてみたら、「2億円出してくれたら売ってもいい」と言う。

高山　それって高いんですか？　安いんですか？

奥山　まあ、妥当な値段かな。でも、このとき僕は2億円を持っていなかったので買えなかった。

　それから50年後。お店は代替わりして、息子夫婦がおじいちゃん、おばあちゃんになり、その息子夫婦と4人で相変わらず大福を売っている。

お客さんの入り方、売れる大福の数が同じだったとして、物価が上がったので大福の値段だけが1個400円に変わっている。このとき、大福屋さんは年間いくらの利益を出していると思う？

高山　2,000万円。

奥山　正解。では、いまこの大福屋を買おうと思ったらいくら出さないといけないでしょう？

高山　4億円。

奥山　そう。大福の値段も利益も2倍になって、2億円だった大福屋さんも4億円になった。
　大福の値段が200円から400円になったのは、ぼったくっているわけではない。物価が2倍になったからです。これを経済学ではインフレーションといいます。
　では、同じように考えてみてほしいんだけれども、1グラムの金に4,000円の値段がついているとして、物価が2倍になったら1グラムの金はいくらになる？

高山　8,000円。

奥山　そうなっているはずだよね。
　こんなふうに、物価に連動して値上がりしていく財産をインフレ資産といいます。

インフレ資産として挙げられるのは、まず会社の株式。会社の株式をまとめた日経平均。それから、金。こういったものがインフレ資産です。

インフレ資産は、持ってさえいれば、いずれは値上がりするものです。たとえば、1年、2年くらいで見たら、金の値段は上がっているかもしれないし、下がっているかもしれない。でも、10年、20年といった長期、息子夫婦がおじいちゃんおばあちゃんになるくらいの長い時間で見ると、インフレ資産は値上がりしていく。

高山　バカな質問かもしれないんですけど、金山が発見されて、急に金の価格が下がったりしないですか？

奥山　ゴールドの元素記号はAuです。元素記号があるということは、地球上にどのくらいあるかが確定しているっていうこと。合成してつくることはできません。だからそれは心配しなくていい。石油や石炭などとは違います。

高山　あっ、そうか。

奥山　日経平均や金がインフレ資産なのに対して、為替は違います。

為替レート、たとえば1ドルが何円かというのは、アメリカ人から見た価値感覚と日本人から見た価値感覚の間で動いている。でも、どんどんドル高になって、アメリカ人の給料が日本人の給料の2倍になる、というようなことは先進国同

士だったらまずありえない。ドル高になったり、円高になったりして、行ったり来たりするのが為替相場。だから、為替は持っていれば値上がりしていくインフレ資産ではないのです。

高山　さっき教えてもらった、なくならない投資対象のうち、日経平均と金がインフレ資産で、為替はインフレ資産ではないんですね。
　私はどれに投資したらいいですか？

奥山　まず、日経平均は投資する対象としては単位がちょっと大きすぎる。今回、200万円の資金で運用するには不向きです。人気によって値動きが大きすぎることもあるので、初心者にはむずかしいかな。

高山　為替か金ってことですね。

奥山　その2つから選ぶとすると、初心者にとっては、行ったり来たりするものよりは、持っていればいつかは上がるインフレ資産のほうがシンプルでいい。

高山　じゃあ、私は金に投資すればいいんですね。

奥山　はい。金は単位も手頃で、価値がなんとなくわかりやすい。女性は特に、宝飾品として持っていたりするものだから親しみやすいでしょう。

さらに、金は実際にモノがある。だから、値段のブレも少ない。

　たとえば、株の値段は100あったのが20にまで下がることもあるけれど、金の値段は100から下がっても70程度、という感じかな。

　ということで、初心者が投資を学ぶための投資対象としては、金が最適。今回は金に投資することにします。

高山　金か……。私、金の値段は一時調べていたことがあって。

　うちのおばあちゃんが「これは金だから」と言ってネックレスをくれたんです。それを質屋さんに売りに行ったら……メッキだったんですよ。おばあちゃん、だまされて買ってたんです。金の値段を調べて、数万円にはなると計算して行ったのに……。

　質屋さんで買い取ってくれるということは、実際に需要がある、買う人が必ずいるということですよね。

奥山　実需があるから、値段のブレ幅が少ないということです。

　では、その金にどう投資すれば利益が上がるのか。

高山　どうすればいいんですか？

奥山　簡単です。安く買って、高く売る。

高山　それだけですか？

奥山　それだけです。といっても、さっき言ったように、一発勝負でどかーんと買うのは投資ではありません。
　安くなればなるほど少しずつ買い足していく。
　高くなればなるほど少しずつ売っていく。
　安いときほどたくさん持っていて、高いときほど少ししか持っていないようにすればいい。

高山　……？

奥山　実際にやってみないとわからないだろうね。
　そろそろ時間のようだから、続きは次回にしましょうか。もう高山さんが金の取引をする口座はうちの会社で開設してあります。次からは、実践に入りますからね。

高山　わかりました。ありがとうございました。

奥山　今日の話、わかりやすかったですか？

高山　わかりやすかったし、思い描いていたのと全然違いました。投資って、ギャンブルではなかったんですね。

講義1　2016年7月某日

講 義 2

2016年8月某日

合計損益 0円

はじめての投資

奥山　今日からはいよいよ、お金を動かします。

高山　はい。難しそう。心配……。

奥山　でも、お金を動かすのは自分でやってもらわないとね。

高山　ですよね。

奥山　今日から200万円の資金で高山さんに投資してもらうのは、ニューヨークで取引されている金、ゴールドです。ドルで金を売り買いするので金ドルと言います。
　金ドルは、1日あたりの取引量が2兆5,000億円くらいある。東京証券取引所すべての株の売買代金を合計した金額よりも大きいのです。
　だから、将来高山さんがすごいお金持ちになって、2,000億円ぐらいのお金で投資をするようになっても大丈夫。それぐらい取引量が大きい。つまり、一生付き合える投資対象ということです。そこは心配いりません。

高山　はあ……想像もつかないです。

奥山　取引は、僕の会社でやっているCFD-Metalsというインターネット取引のサービスを使ってもらいます。これか

らこのパソコンで操作を説明するけれど、スマートフォンでも取引できます。

　難しいことを話していると日が暮れてしまうので、簡単に金の取引の特徴を説明すると、"手付金"があれば売り買いができます。

　どういうことかというと、たとえば、1オンスの金を買うとします。1オンスは約30グラム。取引の最小単位です。

　現在は1オンスの金が1,300ドルで、1ドル＝100円とすると、だいたい13万円くらい。これを買うときに、1,300ドル本当は必要なんだけれど、代金の一部を売買の証明として出してくれれば、13万円ぶん（1オンス）の金を売買することができます。「証拠金」と言うのだけれど、まあ、解約したときにも返ってくる手付金だと思ってくれればいいです。

　買ったり売ったりするなかで、実際の損得は価格の上がったぶん、下がったぶんだけです。1オンス13万円ぶんの売買をするには手付金はだいたい5％かかるので約6,500円必要になる、と覚えておいてください。

高山　じゃあ、6,500円あれば、取引を始められるってことですか。

奥山　一応ね。このように、預けたお金以上の取引ができることをレバレッジ取引と言います。

　この場合は、5％の手付金でいいわけだから、預けたお金の20倍のレバレッジがかかっている、と言います。

　そして金1オンスが1,300ドルから1,350ドルまで値上が

りしたときに売れば、50ドルの利益を受け取ることができる。逆に、1,300ドルから1,250ドルまで値下がりしたときに売れば、約65ドルの手付金は、50ドル減った15ドルしか返ってこない。

高山　なるほど。少ない資金で投資ができるんですね。

奥山　ただ、後でまた説明するけれど、あくまでも実際に取引する単位としては13万円くらいだということを忘れないように。

高山　はい。気をつけます。

奥山　ちなみに、いまはだいたい1オンスの金が1,300ドルくらい。これに対して、1オンスの金の生産コストはだいたい1,200ドルとされています。

高山　生産コスト？

奥山　金山を掘って、金を集めて、固めて出荷するだけで1,200ドルかかるということです。前回、金はモノとしての価値があるから値段のブレが少ないと話しました。金の値段の基準として、生産コストが1,200ドルくらいかかっています。そして、値段は上下しても上下に2割ずつくらい。高いときでも1,500〜1,600ドル、安いときで1,000ドルくらいと見ればいいのです。

じゃあ、さっそく取引してみようか。

高山 えっ、もうですか？

奥山 これが取引用のページです。ログインしてみて。

スタートは1,350ドル

奥山 いま、この口座には200万円の資金が入っています。
　ここにあるグラフには、金の値段の変動がリアルタイムに表示されています。

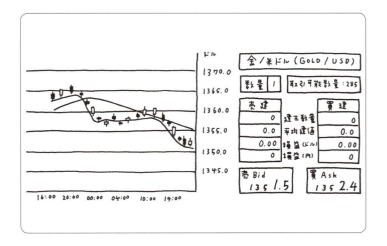

1回、試しに売り買いしてみましょう。
　いまは1オンスの値段が——これを取引の単位としては1

枚と言うんだけど——1枚1,352ドルくらい。「1352.4」と小数点以下まで表示されているけれど、とりあえず1,352ドルでいい。じゃあ、「買」のボタンを押してみよう。

高山　はい。……これで買えたのかな？

奥山　はい、買えました。17時57分36秒に1,352ドルで1枚買えたと表示されています。いま値段が……1,351ドルに変わった。値下がりしたから、評価損益がマイナスになっているのがわかる？

高山　はい。

奥山　じゃあ、今度は買ったものを売ってみましょう。「売」のボタンを押して……はい、売れました。約1,352ドルで買ったものを約1,351ドルで売ったから、1ドルくらいのマイナスが出ました。円建てでいうと、約100円の損。

高山　なるほど。全部表示されるんですね。わかりやすいです。さっそく損をしてしまいましたけど（笑）。

決まった値段で売り買いする

奥山　では、先に進みましょう。次にやることは、あらかじめ決めた値段で買う、売るということです。

まず、いまの値段でまた1枚買ってみてください。

高山 はい。買えました。1,352.3ドルです。

奥山 買った1枚を、さきほどは適当な値段で売りました。今度はそうしないで、「1,352.3ドルで買ったものが、1,360ドルになったら売りたい」という注文を出してみましょう。

高山 そんなことができるんですね。

奥山 これを売りの指値といいます。逆に、「この値段になったら買いたい」という注文が買いの指値。ここで値段を設定して……。

高山 できました。1,360ドルで売る注文。

奥山 じゃあ、試しに買った1枚はまた売って決済しておこう。

高山 あっ、また100円くらい損が出た……。

手付金と値段を区別しないとダメ

奥山 いま売り買いの基本的な操作を練習してもらいました。

最初の売り買いで、高山さんは1,352ドルで買って、1,351ドルで売った。結果として1ドル、100円くらい負けました。

　ここで大事なのは、あくまでも1単位で1,300ドル、13万円くらいの取引をしているのだという手応えを持っておくこと。

　ここ、取引可能数量と書いてある欄を見ると、高山さんはいま285枚まで買うことができることになっています。

高山　え!? そんなに！

奥山　おかしく思えるかもしれないですね。

　いま1枚が1,350ドルくらい。13万5,000円として、高山さんの軍資金は200万円です。本来は、200万円を13.5万円で割ると、14枚しか買えないはず。でも、285枚買えることになっている。

高山　さっき言っていた、手付金だけでいいということですね。

奥山　そう、買うときに全額払う必要はないのです。13万5,000円の代金のうち、5%の手付金だけ払っておけばいい。1,350ドルの5%だから、67.5ドルあれば1枚買える。だから、値段によるけれども、目一杯買おうとすると280枚くらい買えてしまう。

　ということは、これはやってはいけないことなんだけど、

200万円あれば、4,000万円まで取引できる力がある。

高山 なるほど。だけど、1枚67.5ドルで買えるからといって、これは6,800円くらいの取引なんだと思ってしまうと……。

奥山 失敗します。それはダメな人のパターン。あくまで1枚の値段は13万5,000円。13万5,000円の取引をしているんだと思わないとダメ。
　たとえば、1,350ドルで買った1枚が1,000ドルまで値下がりした。350ドル=3万5,000円の負けです。このとき、「えっ、6,800円ぶん買って、3万5,000円負けるってどういうこと!?」と言う人がいる。

高山 あっ、そういうことか！

奥山 あなたは6,800円ぶん買ったのではなく、13万5,000円ぶん買ったんですよ、ということだよね。

高山 わかりました。手付金の金額が金の値段だと思わないように、気をつけます。

安く買って、高く売る

奥山 前回話したように、金は長い目で見れば値上がりしていくインフレ資産です。僕らがやるべきことは、安く買って高く売ること。

その練習さえすれば、うまくいくはずです。

では、安く売って高く売るためには、どうすればいいのか。

いまの値段が1,350ドル。値動きを見ていたら、どんどん下がっていったとする。このときは、どうすればいいか。

安く買って高く売るんだから、安くなればなるだけ、どんどん買う。どこまでも買い下がればいいよね。

高山 どこまでも買い下がる……。

奥山 ただし、お金がなくなったら困るので、お金がパンクしないように限度を決めないといけない。ここが大事。値段が下がるときには、パンクしないように考えて買い下がる。

金、ゴールドにはモノとしての価値があるから、値段が上がったり下がったりするのにも限度があるという話をしました。いま1,350ドルのものが、700ドルまで下がるということは考えにくい。下がるとしても、今は1,000ドルくらいまでは見ておくことにしましょう。

ということは、1,350ドルから1,000ドルまでは、安くなればなるほど、どんどん買い下がればいい。といっても、やみくもに買うのではなくて、値段が一定金額下がるたびに、

1枚、1枚、また1枚……と買い足していく。このようにして、1,000ドルまでは買い下がるということ。

高山 値段が一定金額下がるたびに買い足す……。

奥山 たとえば、1,350ドルから1,000ドルまで、1ドルごとに1枚ずつ買っていったとしよう。1,350ドルを1枚、1,349ドルを1枚、1,348ドルを1枚……1,001ドルを1枚、1,000ドルを1枚。
　この場合、1枚の平均購入価格はいくら?

高山 えっ……と、1,175ドル。

奥山 よくできました。いまは1ドルごとに1枚買っていったけれど、2ドルごとでも、5ドルごとでも同じです。1,350ドルから1,000ドルまで一定の間隔で買い下がっていったときの平均購入価格は1,175ドルになる。
　さて、1,000ドルまで値が下がったとき、自分が買った値段の平均が1,175ドルということは、平均で175ドル負けていることになる。
　つまり、安値の下限を1,000ドルと想定して、1,350ドルから一定の間隔で1,000ドルまで買い下がると、最悪1,000ドルまで下がったときには、1枚あたり175ドルの負けが出ることになる。
　これが、いまの高山さんが1枚あたりで考えておかなくてはいけない最悪のリスクということになります。

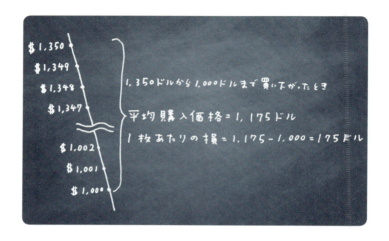

高山 金を1枚買うために手付金67.5ドルが必要で、さらに1枚あたり175ドル損することを考えて投資しないといけないということですか？

奥山 そのとおり。175+67.5=242.5ドル。これくらいは、1枚の取引に必要なお金として見ておいたほうがいい。日本円で、ざっくり2万5,000円くらいだと考えましょう。
　で、高山さんはいくらお金を持っているんでしたっけ？

高山 200万円です。

奥山 200万円の軍資金で、金1枚の取引あたり、2万5,000円用意しておけばいい。

200万円 ÷ 2万5,000円 = 80枚

　高山さんが実際に取引しても大丈夫な枚数は、最大80枚。ということになります。

高山　285枚できると書いてあるけど、80枚までにしておかないといけないんですね。

奥山　もう一つ、今度は安く買ったものを高く売らなくてはいけない。
　さっきは1ドル値下がりするごとに1枚ずつ買い下がっていった。それを値上がりするごとに1枚ずつ売っていきます。大丈夫？

高山　はい、理解できていると思います。

奥山　たとえば、1,350ドルから1,250ドルまで下がったところで、値上がりに転じたとする。そうしたら、持っている金を今度は決まった値段で売っていく。
　値幅はいくらでもいいのですが、とりあえず、5ドル上で売ることにしましょうか。
　1,250ドルで買ったものは、1,255ドルで売る。1,251ドルで買ったものは、1,256ドルで売る。1,252ドルで買った

ものは、1,257ドルで売る。

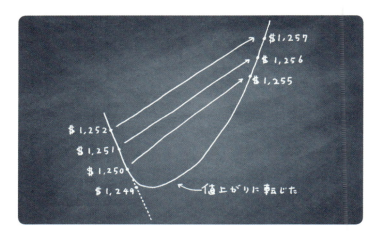

高山　1回売れるごとに、5ドルずつ利益が出るんですね。

奥山　そういうことです。これが、「安く買って、高く売る」ということ。

高山　また価格が下がりはじめたら、どうすればいいんですか。

奥山　いい質問です。
　売れた後に、元の値段まで下がったら買い直します。
　たとえば、1,250ドルで買ったものが1,255ドルで売れて、1,251ドルで買ったものが1,256ドルで売れて、1,252ドルで買ったものが1,257ドルで売れた。その後、値下がりに転

じたとする。そうしたら、1,252ドルまで下がったところで1枚買い直す。1,251ドルまで下がったところでもう1枚買い直す。1,250ドルまで下がったところでもう1枚買い直す。

高山 ちょっとややこしくなってきました。

奥山 ここらへんは、自分で手を動かしてみればすんなりわかります。心配しなくても大丈夫。
　まとめると、まずは現在の金の価格から、金1枚あたりのリスクが何ドルであるかを計算して、軍資金の範囲で何枚購入できるのかをきちんと把握すること。次に、金の価格が下がっていったら、○ドル下がるごとに△枚ずつ購入していくこと。そして、金の価格が上がっていったら、それぞれ□ドル上の価格で売っていくこと。
　やろうとしていることは、なんとなくわかってもらえたかな？

高山 はい。なんとなくですが。

奥山 イメージとしては、船で漁をしている感じです。長い釣り糸に、釣り針がたくさんついている。値段が下がれば下がるほど、この釣り糸をいっぱい繰り出して、釣り針をたくさん垂らすことができる。

　値段が上がってきたら、釣り糸を引き上げていく。1匹釣れた。2匹釣れた。3匹釣れた。こうして魚＝利益を手に入れる。

　再び値が下がったら、またどんどん釣り糸を垂らしていけばいい。

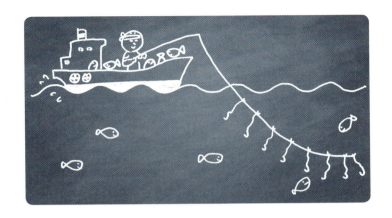

三つの宿題

奥山　ここまでで、今日教えるべきことはすべて教えました。あとは宿題です。いま教えたやりかたで、実際に高山さんに運用してもらいます。

高山　えっ、もうですか。できるかな……。

奥山　大丈夫。いま教えた通りのことを、高山さんの持っている資金の中でやればいいだけです。
　1,350ドルから買いはじめるとして、高山さんが実際に取引できるのは80枚までだと先ほどわかりました。ということは、1,350ドルから1,000ドルまで、350ドルぶんの幅をどのくらいの間隔で買い下がればいいかと言うと、

$$350 \div 80 = 4.375$$

なので、4.35ドルごとに1枚買っていっても大丈夫という計算になります。

4ドルごとに買いつづけると1,000ドルになる前にお金が足りなくなる。少し余裕をもって、5ドルごとに1枚買っていくことにしましょう。つまり、金の値段が5ドル下がるごとに1枚買い足すということ。

これが、今日からやってもらうことの一つめ。高山さんに出す宿題です。

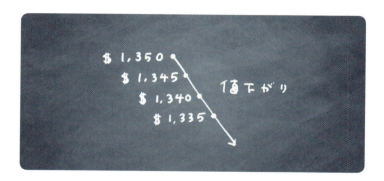

高山 はい。5ドルごとに1枚ずつ買い足して、買い下がる。

奥山 これで買い下がる値幅は決まった。売るほうはどうしましょうか。買ったものを、いくら上で売ることにしますか？

高山　えー……じゃあ、10ドル上がったら売る。

奥山　10ドルか……。それでも間違いではないけれど、投資の練習という意味では売れる回数が多いほうがおもしろいし、勉強になります。もうすこし値幅を小さくするのがおすすめかな。

高山　じゃあ8ドル……いえ、7ドルにします。

奥山　うん、いいんじゃないかな。5ドル下がるごとに1枚買えたものを、7ドル上がるごとに売っていくことにしましょう。

　下がっていった値段が、1,335ドルを切ったところから今度は上がり出した。そうしたら、1,335ドルで買ったものを1,342ドルで売る。1,340ドルで買ったものは1,347ドルで売る。1,345ドルで買ったものは1,352ドルで売る。1,350ドルで買ったものは1,357ドルで売る。これが宿題の二つ目。

$1,357
$1,352
$1,347
$1,342
$1,335
$1,330

　これをやるためには、1枚買えるごとに、「7ドル上がったら売ります」という注文を入れておけばいい。さっき説明した、売り指値です。

高山　なるほど、ここで使うんですね。

奥山　ここまでは大丈夫かな？

　最後にもう一つ宿題があります。売れた後、元の値段まで下がったら買い直すんでしたよね。1,350ドルから買いはじめて、1,345ドル、1,340ドル、1,335ドルと買っていくと4枚買えます。

　ここから値が上がって、1,342ドルで1枚売れた。ということは、ここからまた値が下がったら？

高山　1,335ドルになったら、買い直す。

奥山 そうです。ちゃんとわかってますね。

　というわけで、今日からやること、高山さんにやってもらう宿題は三つです。

　①下がるごとに買っていく。②上がるごとに売っていく。③売れたあと、元の値段にまで下がったら買い直す。売り買いの値幅はさっき決めた通り。大丈夫かな？

高山 うーん……できるかな……。

奥山 これは、実際にやってみないとわからないと思います。難しく感じるかもしれないけれど、手を動かして実際にやってみれば大丈夫。

　さっきは試しに買ってみたけど、今度は本番の最初の1枚を買ってみましょう。ここまでは1,350ドルから始めるという説明をしてきたけれども、実際はいくらから始めてもいい。いまの値段で1枚、買ってみて。

高山 ……はい。1,351.6ドルで買えました。

奥山 小数点以下は切り上げで少しオマケ！（笑）なので、そこは考えなくて大丈夫です。1,352ドルと考えて、これを7ドルで売るということは、1,359ドルになったら売る。売り指値の注文を入れてください。

高山 はい。入れました。

奥山 そして、1,352ドルから始めて、5ドルずつ買い下がるんだったよね。こっちも買い指値の注文を入れておきましょう。どんなふうに注文すればいい？

高山 最初に1,352ドルで買ったので、次は1,347ドル。その次が1,342ドル。その次が1,337ドル。

奥山 では、いま言った1,337ドルくらいまで注文を入れておきましょうか。3枚ぶん、買い指値の注文を入れてください。

高山 はい。買い指値は、いつもどのくらい注文を入れておけばいいですか？

奥山 金ドルは、1日に平均して15ドルくらいの幅を動きます。あくまで平均なので、60ドル、70ドルと動く日もあれば、5ドルしか動かない日もある。さしあたり、15ドルの2倍くらい、いまの値段から、30ドル低いところまで買い注文を入れておけば大丈夫。

高山 はい。

奥山 さっき、元の値段で買い直すという話をしたでしょう。それがどういうことか、ここでもう一回説明しておきます。
　1,352ドルから値段が下がって、1,337ドルまで買えたと

する。

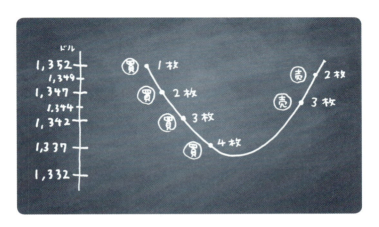

　持っているのは4枚。そこから値段が上がって、1,337ドルで買った1枚が1,344ドルで売れたとする。そうしたら、1,337ドルの買い指値を入れます。こうすれば、元の値段まで下がったら買い直せるよね。さらに値が上がって、1,342ドルで買った1枚も1,349ドルで売れたとします。このときはどうすればいい？

高山　1,342ドルの買い指値を入れる。また1,342ドルまで下がったら買い直せるように。

奥山　正解。簡単でしょう？

高山　ええ!?　ちょっと難しいです。

奥山　いま自分で注文を入れられたから大丈夫。あとは慣れるだけです。

歯を磨くように、投資する

高山　あの、質問なんですが。

奥山　どうぞ。

高山　1,337ドルまで下がって、4枚買えたとするじゃないですか。そこから値上がりして、1,359ドルまで上がったら、持っているぶんが全部売れますよね。そのときはどうすればいいですか？

奥山　持っているものが全部売れたら、どこからでもいいから、買い直します。さっきは1,352ドルから始めたよね。また同じように、適当なところから始めればいい。

高山　その場合、さっきの1,352ドルで始めたとき用の買い指値は全部取り消す？

奥山　そうです。取り消して、最初の値段からまた5ドル下がるごとに買い指値を入れていきます。

高山　何をやればいいのか、大体わかりました。

もう一つ質問ですが、値段の動きはどのくらいチェックしたらいいですか？　たぶん、パソコンを開けないことも多いので、携帯からチェックすることになると思うんですが。

奥山　朝、昼、晩の3回くらい。最初のうちは、1回につき10分くらいかかると思っておけばいいでしょう。ずっと張りついている必要はありません。

高山　他にチェックするものは？

奥山　ない。他にやることはないです。

高山　え？　新聞を読むとか、ニュースを観るとか。

奥山　したければしてもいいけれど、べつにしなくていいですよ。
　高山さん、「個人投資家」というと、パソコンのディスプレイをいくつも並べてずっと机に張りついている、みたいなイメージがあるんでしょう？

高山　はい、あります、あります！

奥山　それはダメ。もったいない。何がもったいないかというと、人生がもったいない。
　我々の目的はお金に仕事をさせることであって、お金に縛られることではない。ずーっと値動きを見ていたら、お金の

奴隷になるのと変わらないじゃない。

高山　……たしかにそうです。

奥山　慣れれば1回5分、1日に1、2回でも大丈夫になります。ようは、歯磨きみたいなものだと思ってくれればいい。

高山　毎日3回、朝、昼、晩ですね。

奥山　そういうこと。最初のうちは磨き方のコツをきちんと学んで練習したほうがいいけれど、慣れたら寝起きでも、何も考えずに磨けるようになっているでしょう。大丈夫、すぐそうなるよ。
　　では、次の講義までは、今日教えたことを続けてみてください。

高山　わかりました。歯を磨くように、朝、昼、晩。とにかくやってみます。

講 義 **3**

2016年10月某日

合計損益　－51,999円

2カ月半の「仕込み」

奥山　8月から取引を開始して、今日でちょうど2カ月半。
　ここに高山さんの取引の記録があります。ちゃんと売り買いができていますね。

高山　ありがとうございます。

奥山　この間、買えた回数は74回です。前回話したたとえで言うと、7ドル稼げる釣り糸を74本垂らせたことになる。ざっくり計算して、7ドルは700円。700×74＝51,800だから、これまでに仕込めたぶんだけでも、51,800円は稼げることになります。
　ここまでが2カ月半ですから、5倍するとだいたい1年になる。ということは、このペースで続けていけば、1年間に51,800円×5＝259,000円ぶん仕込めることになります。
　もとの資金が200万円だから、いまのところ……年利13％ペースですね。順調です。

高山　順調ですか？　この間、金の値段がずいぶん下がったじゃないですか。下がっているからこそ、たくさん買えているわけですけど、全然売れてないから心配です。

奥山　いやいや、それなりに決済できていますよ。これまでに売れたのが48回。

高山　でも、損益でいうと−51,999円ですし。すごく不安になっちゃいました。

奥山　大丈夫。もっと続けていけば、安心感が出てきますから。
　この間、数日で100ドルくらい下がったことがあったでしょう。そのときはどう思いましたか？

高山　そのときは買うチャンスだと思って、うれしかったのですが、その後なかなか上がらないから……。

奥山　それで少し不安になってしまった。なるほど。

2,800回取引をしたら起きること

奥山　これも前回話したことですが、200万円の資金で、1枚1,350ドルから買いはじめた金が、1枚1,000ドルまで値下がりすると、200万円がなくなってしまう。こうなったら投資失敗、というのは当たり前の話だよね。

高山　はい。

奥山　それはそのとおりなんだけれども、実際に取引をしていくと、つまり売り買いを繰り返していくと、面白いことが

起きるのです。

　高山さんは1回につき7ドルずつ利食いする計画で取引しているよね。1回買って、それを売ることができたら、いくらプラスになる？

高山　700円です。

奥山　ということは、仮にその後、取引に失敗して200万円を全部失うことになっても、700円は儲けたことになる。200万円を使って700円稼ぎましたと言うことができます。

高山　はい。700円だと気休めにもなりませんけど……。

奥山　じゃあ、買って売るのを2回繰り返せたら？　プラスは1,400円。この場合、200万円を全部失っても1,400円の儲けが残ります。

　高山さんの場合は、もう74回買えています。全部が売れているわけではないけれど、48回は売れた。ということは、700×48＝23,600円は、もう稼いだことになる。

　仮に200万円がパーになっても、23,600円はもう稼ぎ終わっていることになるよね。

高山　たしかに……そうですね。

奥山　ということは、200万円の資金から始めているけれど、資金が永遠に200万円のままというわけではない。1回取引

したら700円増えて、2回取引したら1,400円増えて……というように、徐々に増えていく。

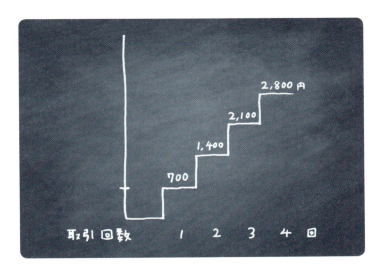

徐々に増えていって、えーと……2,857回。

高山 ……？

奥山 この線が200万円に届く。

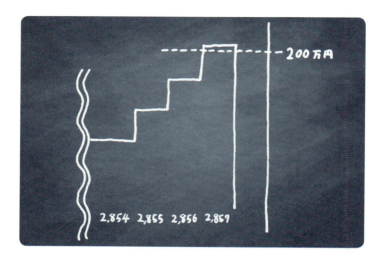

高山　あっ！　……でも、すごい回数ですよね。

奥山　2カ月半で74回仕込めたということは、1年間で400回くらいは仕込める。2,857回を400回で割ると7年くらい。
　ちょっと遠いけれども、7年間買いつづけて、釣り針を垂らしつづければ2,857回は見えてくる。つまり、7年間売ったり買ったりして稼いだぶんだけで、元の200万円に届いてしまうということ。この時点で負けはなくなります。

高山　負けがなくなる……？

奥山　最初の軍資金は200万円でした。けれども、200万円を失ったらパンクする状態がずっと続くわけではありません。前回の話だと、1,350ドルから始めて、1,000ドルまで

値段が下がったら200万円を全部失って終わるはずでしたが、それまでに2,857回の取引を終えていたらどうなるか。金の値段が1,000ドルまで下がって元の200万円がパーになっても、いままでに取引して稼いだ200万円はまだ手元に残っているのです。

　そして、買ったぶんをすべて売って終わることができたら、最初の200万円に稼いだ200万円を足して400万円になる。つまり、倍になる。わかるかな？

高山　はい。たぶん理解できていると思います。

奥山　まだ実感は持てなくても大丈夫。このことについては、次回以降も何度も説明すると思うから。いまはなんとなくわかっていれば十分です。

こんなにすごい！　複利の威力

奥山　次に、複利の話をしようと思います。複利は知ってる？

高山　利子の話かな……というくらいで、よくわかってません。

奥山　そう、利子の話です。
　ここに200万円のお金があります。このお金に年1％の利

子がつくと、1年間に2万円増える。ということは、200万円＋2万円で202万円が2年目の軍資金になります。この金額すべてに年1％の利子がつけば、次の1年で2万200円増えることになる。すると、3年目は軍資金が204万200円になって、次の1年で2万402円儲かる。

　このようにして25年間、年利1％で運用すると……

	元金	利子
1年	2,000,000 円	20,000 円
2年	2,020,000 円	20,200 円
3年	2,040,200 円	20,402 円
4年	2,060,602 円	20,606 円
5年	2,081,208 円	20,812 円
6年	2,102,020 円	21,020 円
7年	2,123,040 円	21,230 円
8年	2,144,270 円	21,442 円
9年	2,165,713 円	21,657 円
10年	2,187,370 円	21,873 円
11年	2,209,244 円	22,092 円
12年	2,231,336 円	22,313 円
13年	2,253,650 円	22,536 円
14年	2,276,186 円	22,761 円
15年	2,298,948 円	22,989 円
16年	2,321,937 円	23,219 円
17年	2,345,157 円	23,451 円

18年	2,368,608 円	23,686 円
19年	2,392,294 円	23,922 円
20年	2,416,217 円	24,162 円
21年	2,440,380 円	24,403 円
22年	2,464,783 円	24,647 円
23年	2,489,431 円	24,894 円
24年	2,514,326 円	25,143 円
25年	2,539,469 円	25,394 円

　大体250万円くらいにはなる。2割は増えたかな。
　こんなふうに、利子で増えたぶんを元のお金に加えて、その合計額にまた利子をつけていくことを複利といいます。ここまではOK？

高山　大丈夫です。
　年に1％だと、25年で50万円しか増えない。これだとちょっと気が長すぎるかも。

奥山　これが、年に2％増えるとどうなるか。1年目に4万円儲かる。2年目は204万円に2％の利子がついて4万800円儲かる。同じように25年間続けていくと……

18年	2,800,482 円	56,009 円
19年	2,850,492 円	57,129 円

20年	2,913,622 円	58,272 円	
21年	2,971,894 円	59,437 円	
22年	3,031,332 円	60,626 円	
23年	3,091,959 円	61,839 円	
24年	3,153,798 円	63,075 円	
25年	3,216,874 円	64,337 円	

　25年目には約320万円になります。軍資金200万円に対して120万円増えている感じだね。
　さらに利率が変わるとどうなるか。25年目にどうなっているかだけを並べてみましょう。

利率	25年目の金額
3%	4,065,588 円
4%	5,126,608 円
5%	6,450,200 円
6%	8,097,869 円
7%	10,144,734 円
8%	12,682,361 円
9%	15,822,166 円
10%	19,699,465 円

　毎年10%で運用することができると、25年目に1,969万円になります。約10倍だね。

高山　25年で10倍！　年利10％ってすごいんですね。

奥山　試しにもうちょっと計算してみようか。年利20％だと、どうなるかな。

```
20%    158,993,694 円
25%    423,516,474 円
30%  1,085,601,541 円
```

高山　一、十、百……億。1億5,000万円！

奥山　年間30％増やせると、25年目には10億円になります。つまり、200万円を1年で260万円に増やせる力があれば……。

高山　うわー！！！！！　25年で10億円に。

奥山　そういうことになるね。複利がどういうものか、見えてきた？

高山　見えました。びっくり！！　すごいですね。

奥山　実際には、年に30％増やすというのは「やりすぎ」なんだけど、もう少しだけ計算してみましょう。

```
50%    33,668,224,392円
70%   678,897,342,629円
```

6,700億円だと、どこかの県の歳入額くらいのレベルだね。

高山　……。

```
75%  1,361,266,522,654 円
```

奥山　ついに1兆円を超えた。

高山　あの、もうよくわからないです。イメージできません。

奥山　じゃあ最後に年利100%だと、どうなるかだけ。

```
100%  33,554,432,000,000 円
```

奥山　335兆円。日本の国家予算が90兆円くらいだから、その3倍以上ということになります。

高山　最初は200万円だったのに。

年利15%を侮（あなど）ってはいけない

奥山 いま年利100％まで計算してみたのには理由があります。年に100％の利子がつくということは、1年で元手が何倍になったということ？

高山 2倍です。

奥山 僕が投資を教えている生徒さんに「200万円の元手を1年でどのくらいまで増やしたいですか？」と聞くと、「1年で倍！」とか、「とりあえず2〜3倍！」と答える人がけっこういるんです。
　でも、それは現実的だろうか？
　200万円を1年で倍にするということは、じつは、「この200万円を25年で335兆円にしたいです」と言っているのと同じことなのです。
　どれだけありえないことを求めているか、わかるでしょう？

高山 そうか、1年で倍にしたいというのは現実的ではないんですね。いや、1.5倍でも非現実的です。25年目には200万円が336億円になるんですから。

奥山 高山さんは、そんなに増やしたいですか？

高山 いえ、そんなに高望みはしません（笑）。

奥山 年に100％とか50％とか、そんなに増やす力はいらないのです。
　でも、実際には「どうにかして2カ月で1.5倍にできませんか」なんて言ってくる人が多い。そんな方法があるなら、僕が聞きたい（笑）。
　そうやって無理にたくさん儲けようとしたら、どうなるか。結局、たくさん投資しすぎてしまいます。

高山 前回教えてもらった、目一杯の280枚ぶん買うようなことをやってしまうんですね。

奥山 そういうこと。そして、「倍にするつもりだったのに、200万円がなくなっちゃった（泣）」ということになる。
　個人投資家が失敗するパターンの大半がこれです。張りすぎ。
　だから、資産運用や投資は、年間で50％とか100％の利回りを目指すものではないということです。

高山 じゃあ、どれくらいがちょうどいいのですか？

奥山 2％で25年運用して200万円が320万円になった、だとちょっと少ないかな。

高山 うん、それはさみしいかも。

奥山 5％だと、25年でなんとか3倍。これも少し物足りない。10％で25年だと2,000万円弱。10倍に増やせれば「まあ、頑張ったかな」と思えそうだね。

15％だと、200万円が25年で5,725万円になります。このくらいが、夢もあってちょうどいいと思うんだけれども、どうでしょう？

高山 それでもすごい！

奥山 このぐらいが現実的な目標としては限界でしょう。

でも、平均で15％のペースを25年続けられるというのは、すごいことだよ。商売で言ったら、おいしいラーメン屋さんでも5年続けるのは大変です。

会社もそうで、うちみたいな上場企業の場合は、株主の皆さんから「サステナビリティはどうなっているのか」と常に問われます。しっかりと儲けつづけていけるのか、ということですね。1回儲けることに成功しました、ではダメで、それを続けられなくてはならないのです。

芸能の世界には「持ち歌一つで20年やってます」という人がいます。そういう歌い手さんはキラーコンテンツが一つあって、それで常に評価しつづけられるから食べていける。

投資も同じです。奇をてらってどれだけ複雑なことができるか、1年で何倍にできるか、ということではなくて、同じことを何十年も続けることが大事です。それがわかっていて、実践できる人が強いのです。

高山　そうですよね。続けることが難しいんですよね……。

取引をしてみなければわからない

奥山　さて、ちょっと高山さんに聞きたいんだけれど、2カ月半、実際にお金を動かしてみてどう感じましたか？

高山　前回の講義で、話を聞いているときには「自分には難しいかな」と思ったんですが、実際に取引をしてみたら「ああ、こういうことか」って。買って、売れて利益が出ればうれしいし、はげみになります。

奥山　実際にやってみないとわからないことが多いからね。投資に対するイメージは変わった？

高山　始める前は、値段の変動を見て、その場その場で判断して、買ったり売ったりするものだと思っていました。「安い、ここが買いどきだ！」みたいな。こんなに決まったことをやるとは思っていなかったです。だから、これが投資なんだ、と思うと不思議な感じです。

奥山　「どこで買えばいいんだろう」とか「いまが売りときなんじゃないか」みたいな取引をしている人が多いですからね。要するにデタラメな取引をしてるんだけど、みんなデタ

ラメをもっともらしく正当化しようとする。「今度アメリカの大統領選があるから」とか「経済評論家のなんとかさんが言っていたから」とか。

高山 最初に思っていた投資のイメージだと、金を扱うにしても、値段の変動を予想しなくてはいけなくて、もっと世の中のことを知らないといけない、新聞も読まなければいけないとか、大変だろうなって思っていました。

奥山 投資家の人たちがすごく注目している指標の一つに、アメリカの雇用統計というものがあります。月に1回、アメリカが最新の失業率を発表しているのです。
　世界の経済はアメリカを中心に動いていて、アメリカの景気は失業率を見ればわかる。だから、「今月は20万人失業者がいそうだ」という予想だったのに、実際に発表された失業者の数が10万だったら「景気がいいぞ」ということになるし、逆に予想より失業者が多かったら、「アメリカの景気が悪化しているんじゃないか」ということになる。
　景気がいいということはアメリカが強いということを意味するし、景気が悪ければアメリカが弱いということになる。そして、アメリカが強ければ通貨の価値が上がって、ドルが値上がりする。弱ければドルが下がる……ということになっています。

高山 その統計は、金の値段にはどう影響するんですか。

奥山 ……わかんない（笑）。

高山 ええっ、「わかんない」のですか（笑）。

奥山 正直わかんない。初回の講義でも言ったけれども、未来は予測できないんです。
　高山さんはすでに2カ月半取引をしてきて、アメリカの雇用統計発表も2回経験しているけれど、気にならないでしょう？

高山 なんか、すごく値が動いた日があった気がします。あれがそうだったのかな……くらいです。まったく気にしてなかったです。

奥山 なぜ気にならないかといえば、ちょっとやそっとの値動きで自分がいきなり大損したり、大儲けしたりするような投資をしていないから。1枚1,300ドルのものが1,000ドルになっても大丈夫な投資の仕方をしているから。自分の資金に対して大きすぎるポジションで投資をしていないから、少し大きく動いたくらいでは何とも思わないでいられます。要するに、ローリスクで余裕のある取引をしているということです。

高山 ローリスクかあ。でも、年に15％増えるんですよね。これって、投資の世界ではローリターンなほうですか？

奥山 いや、ハイリターンですね。

これは雑談として聞いてくれればいいんだけれども、上場企業の収益性を表すROEという指標があります。Return On Equity、自己資本利益率。簡単に言えば、企業の元手に対してどのくらいの利益があるのかということです。

世界中にある大企業のROEの標準は、おおむね年に7%です。つまり、年7%くらいしか稼いでいない。非常に単純に言うと、こういう企業に投資しても、年7%の利回りにしかならないということです。

こういう例と比べると、年に15%増やせることがどれくらいすごい武器になるのか、わかりやすいんじゃないかな。

大きな資産でも同じ運用ができる

奥山 アイドルの仕事が忙しいと思うけれど、今後も取引はちゃんと続けられそうですか？

高山 いまは、指値で売れたり買えたりするとメールが来るので、そうしたら開いて見る、というやり方をしています。そうでなくても1日に1回くらいはログインしなければと思っているのですが。

でも、スケジュールがどんなに詰まっていても、メールが来たときだけは「やろう」って思えます。

奥山 逆に、びっちりパソコンに張りついて、値動きを見て

取引をしようとするとおかしくなるかもね。「安いから買っておこう」とか「高いから売っておこう」とか、自分の思惑を入れはじめるとおかしくなる。

高山 邪念が入りそうになること、ありました（笑）。買いの指値を入れ忘れたときに、「せっかくだからもうちょっと下がってから買ったほうがいいんじゃないかな」とか。

奥山 そう、邪念が入る。そういうものなんですよ。決まったことだけをやる、というのが大事です。
　高山さんはいつも仕事の現場で、携帯で取引をしているのかな？

高山 はい。普通にみんながいる前でやっています。

奥山 周りの人の反応は？

高山 男性のスタッフさんのなかに、投資に興味はあるけど手は出せずにいた、みたいな方が何人かいらっしゃって、そういう方は、「何やってるの」「いまはどんな感じ？」と聞いてきますね。でも、メンバーを含めて女性は、「投資やってるの？　難しそう」で終わることが多いかな。

奥山 うーん、やっぱりそういう人は多いですね。
　メールが来たときだけ開いて見ている、という話だったけれど、高山さんにやってもらっている取引は、相場が動いて

いるなかで、指値で待ち受けて売り買いするというものです。つまり、「待ちの投資」。これが実はすごいことなのです。

高山　そうなんですか？

奥山　今後も、金の値段は動きつづけます。金に限らず、モノの値段は動きつづける。そのなかで、待ちの姿勢で投資を続けられるということ。これさえできれば、いまは200万円の資金でやっているけれども、資金が大きくなっても大丈夫。同じようにやれます。
　いまは200万円で、5ドル下がるごとに1枚買っているけれど、軍資金が200億円になったら、5ドル下がるごとに1万枚買うようにすれば、同じ結果が得られる。

高山　1万枚……すごいスケールの話ですね。

奥山　実は、投資のやり方の多くは、スケールが変わると通用しないのです。スケーラビリティがない。ミズスマシは水たまりではスイスイ泳げても、自分がたとえば大きくなってクジラになってしまうと水たまりでは泳げなくなってしまう、みたいなことが起こりがちです。
　高山さんにやってもらっている方法は、ミズスマシからスタートしているけど、これから大きくなってクジラになったとしても、同じ泳ぎ方ができる。ただ、一度に買う枚数を変えればいいだけ。資金が2,000万円になったら、5ドル下がるごとに10枚買えばいい。すると、いまは1回の取引で

700円儲かっているのが、1回に7,000円儲かることになる。

高山　2億円なら100枚ずつ買って、1回に7万円儲かる……と。

奥山　やる操作はいまとまったく同じです。1日に何回かログインして、売り買いの指値を入れて。つまり、扱うお金が200億円になっても、投資にかける時間は変わらない。前にも言ったけれど、お金に仕事をさせないといけない。軍資金が10倍になったからといって、投資に10倍の時間をかけてはいけません。

「下がるとうれしい」という境地を目指す

高山　まだ投資を始めたばかりですけど、ちょっとお金に対する考え方が変わったんですよ。以前は「宝くじで2億円当たったら」と想像したときに、2億円の使い道を考えていました。
　投資を始めてみたら、たくさんお金を持っているほうが、増やせる額も多いじゃないですか。だから、もし大金が手に入ったら、使わずにそれを増やしたいって考えるようになりました。

奥山　使うよりも投資したい、と。

高山 そうです。最初からたくさんの財産を持っている人はあまりいなくて、働いてお金を貯めるのも難しい。私と同世代の人は、きっとキツキツの生活をしていると思うんです。月5万円の貯金をするのだって難しい。私もできるだけ貯金をするようにはしているんですけど。

そういう大変な思いをして貯めたお金だったら、使い道を考えるのではなくて、増やせるようになりたいです。そのために頑張ろうと思うようになりました。

奥山 じゃあ、いまは取引をしていて楽しい？

高山 値段が上がってプラスになったときはワクワクします。でもマイナスになると、やっぱり……。売買が成立したら、メールで通知が来るんです。そのとき買いの通知だと「また下がっちゃったんだ」とちょっと思います。

奥山 それは、高山さんがまだ始めたてだからです。

僕が教えた生徒さんは、慣れてくるとみんな言い出しますよ。「下がるとうれしい」。

高山 下がるとうれしい？

奥山 なぜなら、上がると思って買うのだから、安い値段になればもっとたくさん有利に買えるということだから。どんどん値段が下がると、また買えた、もっと安い値段でまた買えた、もっと安い値段でまた買えた……ということになる。

逆に言うと、高く売って利益を出すために買っているのに、「上がると悲しい」と感じるようになる。確実に釣れる釣り糸をたくさん垂らしている状態を楽しみたいのに、値上がりして売れていくと残りの垂らしている釣り糸がどんどん少なくなって、「ああ、もう3枚しか残っていない。悲しい」（笑）。

高山 えー（笑）。ちょっと想像できないです。

奥山 まあ、そんなふうに感じられるのは、もう少し経験を積んでからだね。大きく値下がりして、安くたくさん買えて、それから値が戻って大きく利益が出る、というのを一度体験しないとわからないかもしれません。

　最初に言ったように、金は最終的には値上がりする資産です。だから、安く買えるほどうれしいはず。逆に、せっかく200万円の軍資金を用意しているのに、値段が下がらなくてちょっとしか買えないのは残念、と思えるようにならないと。

高山 下がれば下がるほど、「やった」と。

奥山 下がれば下がるほど「よっしゃ、たくさん仕込めた」って言える境地を目指しましょう。

素人とプロを分ける"玉帳"の存在

奥山 そろそろ時間のようなので、今日の宿題を出しましょ

う。

　僕には、投資のお師匠さんがいます。もう亡くなってしまいましたが、陸軍士官学校卒で、投資の仙人みたいな人でした。

　そういう年代の人なので、いまのコンピュータの時代とは違うし、教わったことも精神論みたいな話が多かった。

　師匠は、「投資には三種の神器が必要だ」と言っていました。一つは場帳。何月何日にいくらを付けた、次の日はいくらだった、という記録です。これは、今はもう必要ない。ネットで値段の変動はいつでも見られるから。

　二つ目は、グラフ。高山さんがいつも取引をしているスマホやPCに表示されているこれです。

高山　はい。上がったり下がったりしている。

奥山　最近はチャートと言ったりします。これも、いまはネットで簡単に見られる。というか、そもそも高山さん、グラフを見ながら投資してましたっけ？

高山　いいえ、していないです。

奥山　そうだよね。いま僕たちがやっているのは、いくら下がったら買う、いくら上がったら売る、という決まったことをやる投資です。グラフで値動きを見て「上がりそうだ」とか「下がりそうだ」と予測するわけではない。だから、グラフはいりません。

つまり、三種の神器のうち二つ、場帳とグラフは実は必要ない。
　これに対して、絶対に必要なのが、三つ目の玉帳です。
　玉帳というのは、簡単に言うと取引の記録。何月何日に1,250ドルで買った、何月何日に1,257ドルで売った、という取引を記録してあるものです。
　取引の記録は、個人でいえば小遣い帳や家計簿、会社でいうと勘定元帳という帳簿にあたります。投資をするにあたっては、自分がした取引の記録、玉帳をきちんとつけておく。これは絶対に必要なことです。
　たとえば僕の会社、マネーパートナーズに帳簿がなかったら、そんな会社に投資したいと思います？

高山　したくありません。「大丈夫かな、この会社」って思います。

奥山　それと同じで、遊びではなくビジネスとして投資を継続していこうと思うなら、取引の記録はあって当然なのです。
　というわけで、取引の記録をつけているか、つけていないかで、非常にざっくりとではあるけれど、投資のプロかアマチュアかが分かれるといっても差し支えありません。

高山　そこまで重要なんですね。

奥山　極端な話をすると、高山さんが投資のやり方をまったく習わずに、行き当たりばったりで金の取引を始めたとしま

す。適当な値段で買って、売って、枚数もその時の気分しだいで、決まったルールなしで投資しているとする。

　そうだとしても、きちんと取引の記録さえ残していれば、後で振り返ることができます。

　「なんで私、この値段で買ったんだろう」「このときに売ったのはなぜだろう」「ここで失敗したんだ」「次はこうしよう」と反省して、未来につなげていくことができます。これだけでも、時間はかかるだろうけれども、投資は上達していくのです。

　投資以外でも同じことが言えます。パチンコや競馬でも、いくら買った、いくら負けたという記録を残している人はうまくなります。

　石田衣良さんの『波のうえの魔術師』という小説は知ってる？

高山　題名だけは。

奥山　パチンコで食べているフリーターの主人公が謎の老人と出会って、投資の真髄を伝授されるという話です。

　この老投資家が主人公に目をつけるシーンがある。そのとき、主人公はパチンコの収支を手帳に記録していた。それを見て、投資の神様みたいな老人が、「こいつは見込みがある」と思うわけです。

　たとえパチンコでも、「自分のお金をどのくらい入れたら、どのくらい返ってきたか」を記録しつづけると、次第に自分なりのやり方ができてきます。場当たり的なデタラメなやり

方をしなくなる。それが記録の力。石田衣良さんは、それが
わかっていて、主人公がパチンコの勝敗を記録する描写を入
れたんでしょうね。
　というわけで、投資をする上で、取引の記録をつけること
は素人とプロを分けるくらい大事。今日から取引の記録をつ
けましょうというのが宿題です。

高山　わかりました。やってみます。

奥山　とりあえず、1週間の時間をあげるから、これまでの
取引を全部記録して、僕にメールで送ってください。

高山　えっ！ 全部ですか。今日からのぶんだけではなくて？

奥山　今日までの2カ月半の間に買えた74回ぶんと、売れ
た48回ぶんを記録してください。その後に、今日からのぶ
んを付け加えていきます。

高山　……（ため息）。

奥山　玉帳はノートに毎日書いてもいいけれど、いまはデジ
タルデータのほうがいいでしょう。
　実は、今日までの記録は、いつも取引で使っているサイト
からダウンロードできます。このデータを、自分でExcelに
貼り付ければOKです。

高山 あ、コピー＆ペーストでいいんですか。

約定日時	売買	数量	約定レート	取引損益
2016 / 8 / 0 17:57	買	1	1352.0	
2016 / 8 / 0 17:58	売	1	1351.0	−102
2016 / 8 / 0 18:47	買	1	1351.6	
2016 / 8 / 0 20:13	売	1	1359.3	780
2016 / 8 / 0 13:11	買	1	1362.0	
2016 / 8 / 0 21:30	買	1	1345.0	
⋮	⋮	⋮	⋮	

奥山 大事なのは、自分の取引の記録を自分で持っておくということです。

いまは多くの投資会社が、取引の記録を全部残してくれていて、ネットでいつでも閲覧できます。でも、他人任せにしない。自分でファイルを作って持っておくことが大事。

そして、これからの取引については、できれば毎日がいいけれど、難しいようなら週に1回でもいいので、とにかく、取引の記録をつけてください。それが今回の宿題です。

高山 わかりました。やってみます。

家にしかパソコンがないんですけど、仕事で大阪から北海道、それから京都みたいな感じで移動して、なかなか帰れないこともあるんです。それでも週一くらいは提出しないとい

けないんですよね。

奥山 記録を続けるという習慣と環境を作ってほしいんです。できるだけがんばってみて。

高山 はい。がんばります。

この日までの取引実績	
開始価格	1,352ドル
約定件数	122 回
買い件数	74 回
売り件数	48 回
現在価格	1,264ドル
合計損益	**−51,999円**

講 義 4

2016年11月某日

合計損益　－189,887円

なぜサボってしまったのか？

奥山 では、今日の講義を始めましょうか。

　そうだ、この間テレビで高山さんを見ましたよ。ニュースを解説する番組で。アメリカの大統領選挙について、しっかりとコメントしていて感心しました。

　あれは、アドリブ？

高山 アドリブです。

奥山 大したものですよ。

　……ところで、こっちのほうは少しサボってたでしょう？

高山 ……はい。やっぱり、バレてますよね。すみません。

奥山 ログインしていない日がけっこうあったね。

　せっかくだから、なぜサボってしまったのか正直に話してみてください。うまく行かないときこそ学べることは多いはずだから。

高山 うーん……基本的に、毎日決まった時間にチェックするというよりは、買えたり売れたりしてメールで通知が来たらログインするようにしていたんです。

　それが一時、金の値段がかなり下がって、一番低い指値まで買えてしまって。それより下の指値が入っていなかった。

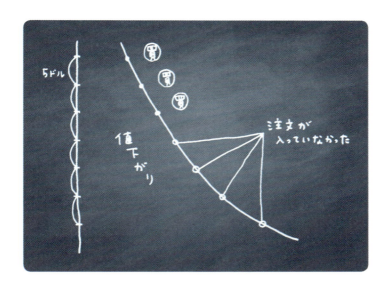

　それを、値段が動かないから通知が来ないんだ……と思ってしまって。気がついてログインしたときには、すごく下がっていました。

奥山　なるほどね。わかりました。

大事なことは経験しないとわからない

奥山　この間、さっき話したアメリカの大統領選がありましたよね。11月8日の投票日前後の値動きは見ていた？

高山　見てました。その時期はすごく変動していて、通知も

来たので。かなり上がってから、下がりましたよね。

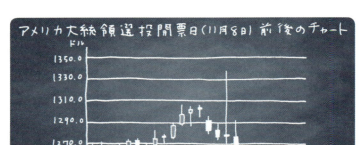

奥山 1,270ドルくらいだったのが、1,320ドルくらいまで上がって、その後大きく下がりました。いまは1,210ドルくらいです。

かなり大きく動いているんだけれども、高山さんはどう感じましたか？

高山 テレビのニュースだと、金の値段についてはあまり報道されないですけど、為替については大きく変動したと言っていて、ということは、金もそうなのかなと思って見てみたら、すごく動いていました。

でも、正直なところ、どうして大統領選でこんなに変動するのか、わからなくて。

奥山 それは僕にもわからない（笑）。

高山 あ、やっぱりわからないものなんですね（笑）。

奥山 多くの専門家と呼ばれる人たちが言っていたのは、こういうことです。

　大統領選でクリントン候補が選ばれると、基本的にオバマ大統領の政策を引き継ぐから、ドルは強い方向に行くだろう。もしもトランプ候補が選ばれてしまったら大変だ。政治が不安定になり、ドルが弱くなって円高になるだろう、と。金、ゴールドについては為替とは逆で、クリントン勝利なら下がり、トランプ勝利なら上がると言っていました。

　では、実際にはどうなったか。たしかに、大統領選の開票が進んで、トランプ候補有利が伝えられると、ドル円相場は1ドル＝103円だったのが、101円を下回るところまで下がりました。金は1,320ドルまで上がりました。ここまでは、専門家たちが言っていたとおりです。

　ところが、新大統領がトランプ候補に決まって、いまはどうなっていますか？

高山 金はどんどん安くなってます。

奥山 もう、1,210ドルまで下がっているよね。

　一方、為替レートのドル円はどんどん上がっていて、1ドル＝110円をつけたりしている。

　トランプ候補が大統領に選ばれたのに、ドル高になってい

るし、金の値段は下がっているのです。

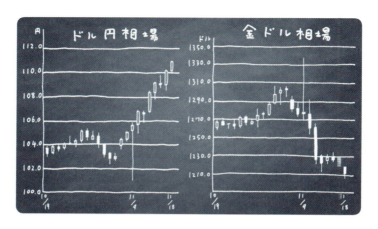

見ると実際やるとは大違い！

奥山 このように、専門家の人たちは大統領選の影響を予想できなかった。だから、何度も言うように、未来のことはわからないのです。

　さも予想できるかのように話す人たちの口車に乗せられてはいけませんよ、という話です。

高山 はい。本当にわからないんですね。

奥山 今回の大統領選は、高山さんにとって、とても大切な経験だと思います。

　「私、あの大統領選のときに金を○枚持っていたんです」

と言える。これは得がたい経験です。

　知識として「2016年の大統領選のときはドル円がこんなに動いた、金ドルがこんなに変動した」と知っているのと、実際に自分のお金をそのときの相場に乗せていたのとでは、全然違います。

　たとえば、今年の6月にはブレグジットがありました。イギリスで国民投票が行われて、ＥＵ離脱が決まったのは知っていますよね。でも、このときはまだ高山さんは投資を始めていません。ニュース自体は知っていただろうけど、おそらくイギリスのＥＵ離脱が自分と関係があるとは感じられなかったでしょう。今回の大統領選のときとは違ったはずです。

高山　そうですね。今回は「こんなに価格って動くんだ」と実感するというか。

奥山　世の中が大きく動いて、自分がお金を乗せていた相場が大きく動いた。それを身をもって経験したことで、高山さんはすごく成長したと思います。

　それと、一つ褒めることがあります。これだけ大きく値段が動いたのに、デタラメな取引をしなかったことです。

　こういうとき、普通は欲が出てしまうものなのです。

　「すごく値段が上がっている。もっと買っておけばいいことがあるかも」なんてね。でも、高山さんはそうしなかった。これは褒めるべきことです。

高山　ちょっとサボっちゃいましたけど（笑）。

マイナスのときこそ、しっかりとしよう

奥山 そう、サボってしまったんだよね。そこが、今回の経験から学んでほしいこと。気分が乗らないときにどうするか、ということです。

　気分が乗らなくてサボってしまうことは、じつはけっこうよくあるのです。どんなときに気分が乗らなくなりがちかというと、マイナスが大きいとき。

　「見ると気分が悪いから、今日はいいか」「チェックするのは明日にしよう」「通知が来たらでいいや」「今日はちょっと忙しいし」……みたいなことが重なっていく。

高山 あー、わかります……。

奥山 どんなに忙しくても、3分とか5分の時間が取れないわけがない。それなのに、「見ていませんでした」という状況になってしまうのは、やっぱり良くない。

　むしろ、安定して儲かっているときは多少手を抜いてらいいのです。「大変な状況かも」と思ったときほど、きちんとしたほうがいい。どうやら金の値段が大きく動いているらしい、これは大変な状況だ、というときにはしっかりとやる。マイナスが出ているときこそ毎日チェックする。

　高山さんは大きな借金をしたことはありますか？

高山 借金ですか？　ないです。

奥山 僕はあります。

　2000年頃かな。2億5,000万円くらいの借金を背負ってしまいました。

高山 えー!? どうしてそんなに借金をしちゃったんですか。

奥山 ベンチャー企業に投資したら、その会社がうまくいかなくなってしまってね。

高山 大変だったんじゃないですか？

奥山 そういうときに、「そのうち返しますから」なんて言って、なんとなくウヤムヤにしていると、あとで大変なことになってしまうのです。そういうときこそ、きちんと対応しないといけません。

　投資も同じことです。マイナスが出ているとき、「うまく行っていない」と感じるときこそ、きちんとやるという癖をつけたほうがいい。

高山 マイナスのときこそ、毎日ログインして、指値を入れて、ということをしっかりやらないといけなかったんですね。

奥山 前回言ったように、投資を正しく学んで経験を積んでいけば、「下がるとうれしい」と感じるようになるはず。その意味で、マイナスが出るのは悪いことではありません。「安

くなったらたくさん買うぞ！」と待ちかまえているんだから。下がれば安く買えるんだから。

　いまはマイナス18万円くらいだけれども、たとえばマイナス100万円になったとしましょうか。それでも本当はぜんぜん大丈夫なんだけれど、もし高山さんが「100万円も負けている。もう見たくない、放っておこう」と思ってしまったら、それはまずい。

　マイナス100万円だろうが、逆にどれだけプラスが出ていようが、最初に決めた取引を粛々と続けなくてはいけません。

　高山さんがいま投資している200万円は、なくしてもいいお金ではないですよね。絶対になくしてはいけない大事なお金であるはずです。

　だから、マイナスのときこそしっかりと見てあげる。

　鉢植えが枯れそうになったときは、こまめに世話をするでしょう。ペットが病気のときは、つきっきりで看病をするでしょう。それと同じこと。

高山　はい。

マイナスでも、少しずつ有利になっている

高山　前回、「どんどん売れていくと寂しいと感じる」と先生はおっしゃってましたよね。今回、大統領選で一時、金の値段がどんどん上がったじゃないですか。そのとき、その感覚が少しわかったんです。「これが売れたらもう終わっちゃ

う。寂しい」って。

奥山　いいねぇ。上達している証拠です。

高山　でも、持っている金が全部売れるところまでは行かなくて、そこから下がって、いまはどんどん値段が落ちています。
　その時に、「下がるとうれしい」とまではまだ思えなくて、「早く上がってほしい」と思ってしまうんですよね。

奥山　いまの段階では、それも無理はないです。ただ、下がっているからといって心配することはありません。その話をこれからします。
　8月から取引を始めて、もう3カ月半になりました。
　この間、高山さんが買えた回数は106回。売れたのは73回になりました。
　5ドルずつ買い下がるのを、ちょっとサボって買い指値を入れ忘れてしまった時期があった。それでも106本、釣り糸を垂らせたことになる。ということは、いくら儲かることになりますか？

高山　7ドル高く売るので、1回につきだいたい700円くらい。106回ぶん仕込んであるので……74,200円です。

奥山　3カ月半でそれだけ仕込めました。ざっくり計算すると、1年で25〜26万円くらいです。年利で13%のペースで

すね。15%が目標だから、まあ順調だと言っていい。

高山 先生に説明してもらうと、順調なのかなって思えるんですけど……。

奥山 さっきも言ったように、いまは金の値段が下がっていて、マイナスも出ているから心配に思うのは無理もない。でも、そういう状況でも買ったり売ったりを繰り返していくしかない。
　取引を繰り返していくなかで、積み重なっていくものが重要なのです。

高山 積み重なっていくものって、経験ですか?

奥山 経験もそうだけど、それだけではありません。
　前回もちょっと話したと思うんだけど、金を1枚買って、それが7ドル高く売れたときには、約700円ぶん儲かることになります。それを繰り返して、積み重ねていくとどうなるか。
　これまでに高山さんは、金を106回買うことができていて、すでに73回、実際に売ることができています。だから、700×73=51,100円は、もう稼いだことになるのです。
　8月に200万円で投資を始めたときと比較すると、金の値段が下がって、いまはマイナス18万円かもしれませんが、それでも51,100円ぶんだけ有利になっているのです。

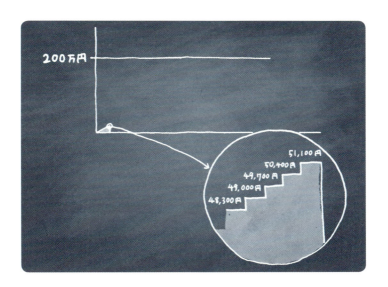

高山 うーん……わかるような、わからないような。

奥山 大丈夫。だんだんわかってくるから。

平行四辺形を意識せよ

奥山 これも前回話したことだけれども、2,857回取引をすると負けがなくなるという話は覚えているかな？

高山 はい。1回で700円儲かるから、取引の回数を重ねていくと、
　700×2,857＝1,999,900 で、約200万円になります。

奥山 そうだね。買って売って、釣り糸を垂らして引き上げてを繰り返していく。700円の儲けを繰り返していくと、ちりも積もれば山となるで、2,800回くらいで元の軍資金200万円に到達します。

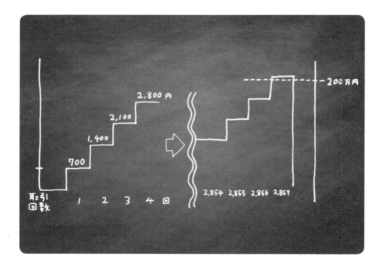

 すると、たとえ金が、現在想定している最低価格の1,000ドルまで下がってしまって、元手の200万円における取引が最も負けている状況になったとしても、200万円ぶんの取引はすでに終えているわけなので、まだ200万円残っているということになる。つまり、負けなしになります。
 そして、最終的に持っている金をすべて売って決済できれば、高山さんのお金は200万円増えて400万円になっているということでもあります。

投資というと、普通の人は自分の最初の軍資金のなかで増えたとか減ったとか、プラスとかマイナスとかを考えるものです。高山さんの場合だと、200万円という軍資金があって、そのなかで値段が上がったり下がったりする。

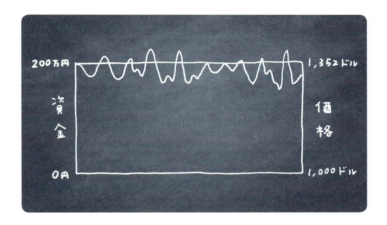

　でも、実はそうではない。

高山　ちょっと待ってください。違うんですか？　だって、元手は200万円だし……あっ。

奥山　そろそろ気づいたんじゃないかな？
　買ったり売ったりを繰り返したぶんだけ、ちょっとずつ、ちょっとずつ自分の財産が有利になっていくのです。
　コツコツコツ、700円ずつ増やしていって、2,857回目にここにくる。

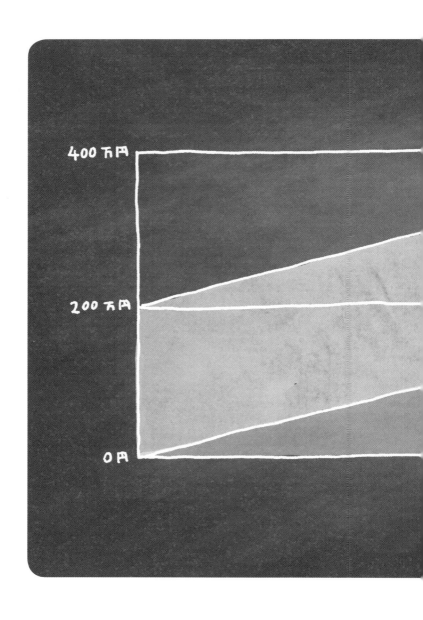

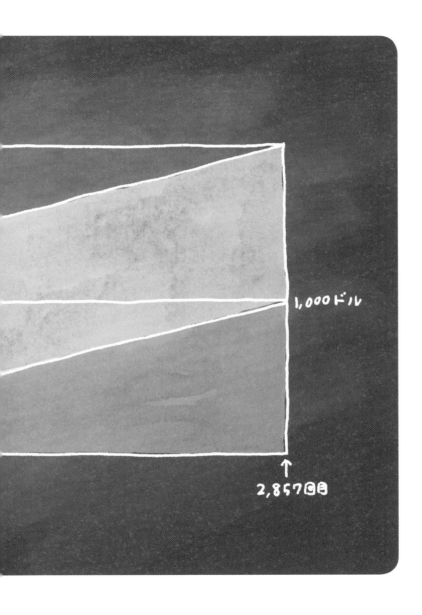

奥山　この長方形ではなくて、平行四辺形のほうを意識しましょう。平行四辺形のなかでお金の残高をイメージできるようになりましょう、ということ。わかるかな？

高山　はい。
　この図だと、右端の2,857回取引を繰り返したところまでいくと、たとえ1,000ドルまで下がっても200万円残っていることが一目でわかります。

奥山　大事なのは、最初に決めたことを繰り返していけば、いずれは1,000ドルまで値段が下がっても負けなくなるということ。
　だから、いまマイナスが出ていても心配することはありません。取引を繰り返せているかぎりは大丈夫です。

高山　マイナス100万円でも心配ない……というのがわかってきた気がします。

タダより安いものがある

奥山　さて、今日はもう一つ、別の考え方も説明しようと思います。これも、売り買いを繰り返すことが大切だという話なんだけれども、アプローチが違う。
　コストダウンの話は、まだしたことがなかったですよね？

高山　はい、聞いたことないです。コストダウンですか。

奥山　話をわかりやすくするために、金とは別の商品で説明しましょう。プレミアムつきで売り買いされているトレーディングカードがあるとします。

高山　野球選手とか、ＮＢＡの選手のカードですね。

奥山　あとは、ゲーム用のカードもあります。こういうカードはマニアの間で売り買いの市場が形成されていて、その時どきで値段が変わっていくものです。
　ある時、高山さんが300円でカードを1枚買ったとします。カードの値段がそこから下落して、200円になりました。そのとき高山さんは、もう1枚同じカードを買いました。
　いま何枚のカードを持っていますか？

高山　2枚です。

奥山　1枚あたりの値段は？

高山　250円です。
　300円のカードが1枚。200円で買ったカードが1枚。足して2で割ると250円です。

奥山　そのとおり。高山さんは250円のカードを2枚持っています。

そうこうしているうちに、またプレミアムがついてきて、カードの値段が300円まで上昇しました。そこで、2枚あるうちの1枚を知り合いに300円で譲りました。いま残っているのは何枚？

高山　1枚。

奥山　では、その残っているものの値段は？

高山　200円……あれ？　300円？

奥山　そこが大事なところです。
　いま高山さんが迷っていたのは正しい。考え方によって答えがいくつかあるからです。
　まず、考え方その1。300円で1枚買った。その後、200円で1枚買った。値段が300円まで戻ったから、最初に300円で買ったものを売った。こう考えると、手元に残った1枚は200円ということになる。
　考え方その2。300円で1枚、200円で1枚買った。値段が300円まで戻ったから、200円で買ったものを300円で売って、100円儲けた。とすると、手元に残った1枚は、300円ということになる。
　考え方その3。平均すると250円で2枚持っていた。300円まで値段が戻ったから、1枚売って50円儲けた。手元に残っている1枚も250円である。

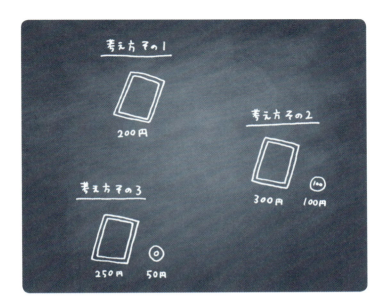

　三つの考え方のどれを取るかは人によります。どれも間違ってはいません。
　大事なのは、どう考えても変わらない点に気づけるかどうかです。

高山　……？？？

奥山　考え方1では、300円のものを300円で売って200円のカードを残している。つまり、儲けはゼロで、200円のカードを持っている。
　考え方2では、100円の儲けが出ていて、300円のカードを持っている。

考え方3では、50円の儲けが出ていて、250円のカードを持っている。

つまり、いくらのカードを持っていると考えても、その裏でいくら儲けているか、という話がついてまわります。

ここで、考え方2をもう一度見てみよう。300円のカードを持っている、つまり300円のコストがかかっているわけだよね。でも、その裏で100円の儲けが出ている。差し引きすれば、200円のものを1枚持っているのと同じだと考えられる。つまり、考え方1の場合と同じになる。

考え方3の場合はどう考えられるかな？

高山 250円のものを1枚持っているので、コストは250円ですよね。その裏で、50円儲けている。差し引きすると、200円のものを1枚持っているのと同じ？

奥山 そうだね。つまり、どの考え方をとっても、裏側の儲けを含めて考えれば200円のものを1枚持っている、ということになる。

要するに、「はじめに300円で1枚買って、200円でもう1枚買って、300円まで戻したから1枚売った」という場合には、いずれにしても残りの1枚は200円になるということ。ここまでは大丈夫？

高山 ここまでは、ということは、この先が難しいパターンですね？（笑）

奥山 いやいや、そんなことはない（笑）。落ち着いて、順序立てて考えればいいだけです。

　最初に300円で1枚買って、200円まで下げたのでもう1枚買い足した。その後、300円まで戻したので1枚売った。結果、いま200円のものを1枚持っていることになる。ここまでがさっきの話。

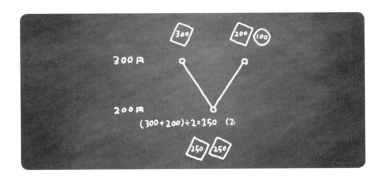

　次に、また200円まで値段が下がったので、1枚買い足した。ということは、この段階で200円のカードを2枚持っていることになる。

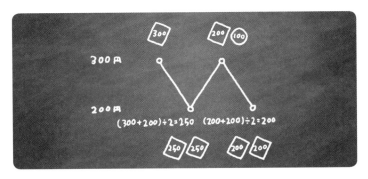

ここから、また値段が300円まで戻ってきたので、1枚売った。つまり、200円のカードを300円で売って100円儲けた。

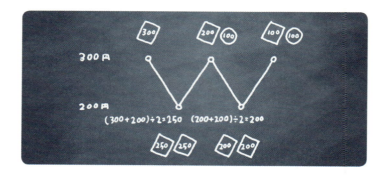

　はじめに300円で買ったところから100円の儲けを2回出している。ということは、いま持っている1枚の値段は？

高山　100円ですか？

奥山　そうなります。まだ行きますよ。また200円まで値が下がったので、1枚買い足した。このときの1枚あたりの値段は？

高山　100円と200円が1枚ずつなので、150円。

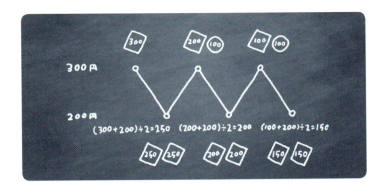

奥山 正解。ちょっと不思議な話でしょう。カードの市場価格は300円と200円の間を行ったり来たりしているだけなのに、いつのまにか150円のカードを2枚持っていることになっている。

高山 普通に考えたらありえないですよね。

奥山 もう少し続けます。また値段が300円まで戻したので、1枚売った。これで、100円の儲けを3回出したことになる。では、手元にある1枚はいくらですか？

高山 ……ゼロ？

奥山 そう。つまりタダ。

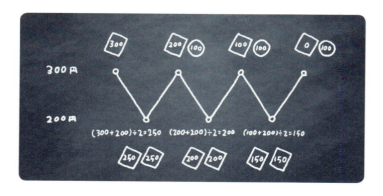

高山 とうとうコストがゼロになってしまったということですか？

奥山 まだ終わりではないですよ。また200円まで下がって、1枚買い足した。このときの1枚あたりの値段は(0+200)÷2で100円。

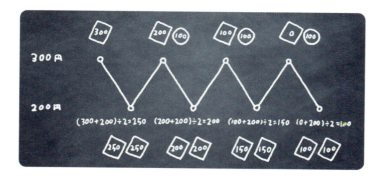

ここから300円まで戻して、1枚売った場合には、手元に残っている1枚の値段はどうなるか。100円の儲けを4回出

しているので、マイナス100円ということになる。

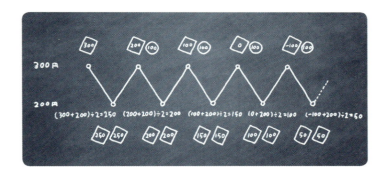

高山 えっ、コストがマイナスになる？

奥山 そうです。この1枚をタダで手放したとしても、100円の儲けが残るという状況です。この先、さらに取引を続けていくと、どうなるかというと……

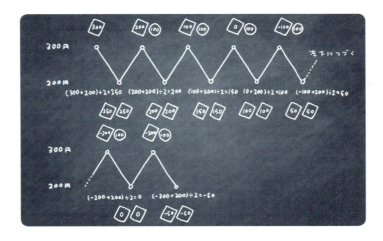

奥山 最初は、300円で1枚のカードを持っていました。そこから、200円でもう1枚買って、300円で売って100円儲ける。この1回転ごとに、自分が持っている1枚のカードの値段、コストが100円ずつ下がっていきます。

　一方、200円で買った1枚と合わせて2枚持っているときも、最初は250円×2枚だったのが、200円×2枚、150円×2枚、100円×2枚……マイナス50円×2枚、とコストが下がっていきます。

　つまり、売り買いを続けていけば、カードを持つコストはどんどん安くなり、タダよりも安くなっていくということです。

高山 金の取引も、同じことが言えますよね。最初は1枚買うところから始めて、値下がりしたら買って、値上がりしたら売って、を繰り返す。

奥山 同じです。たとえば、1,300ドルから買いはじめる。1,200ドルまで下がったら1枚買い足す。1,300ドルまで戻したから、1枚売って100ドル儲けた。このとき、持っている1枚のコストは1,200ドルまで下がっている。これを繰り返していくと、相場は1,300ドルと1,200ドルの間を行ったり来たりしているだけなのに、高山さんは1,000ドルで1枚持っている、なんていうことが起きるのです。

高山 あの……質問なんですけど。

奥山　はい、どうぞ。

高山　先生も、金の投資をやってますよね。

奥山　うん。もうかれこれ3年くらいかな。

高山　その間、売り買いを私の何倍も繰り返して。

奥山　そうだね。

高山　ということはですよ、かなりコストが下がってますよね。

奥山　なるほど、そういう話ですか（笑）。
　そうだねえ、僕が持っている金の値段は、今だと1枚800ドルくらいかな。

高山　えっ……いま市場で取引されている値段は1,210ドルくらいなのに。それでもすごく下がったなあって感じているのに、先生が持っている金は1枚800ドルなんですね。

奥山　しかも僕は、買いはじめたのが1,380ドルからだからね。高山さんが始めた1,350ドルよりも高い。
　それでも、コツコツ取引を続けると、そうなります。

高山　そもそも、金は値下がりしても最悪1,000ドルくらいまでだって最初に習ったじゃないですか。先生はその最悪のレベルまで値下がりしても、それより安く持っていられるんですね。

奥山　仮に1,000ドルを切っても余裕です。

高山　うーん……それは確かに負けなしだわ。

コストダウンこそ投資の真髄

奥山　投資が上手な人は、必ずコストを下げることを意識しています。
　明治の終わりから大正にかけて米相場で大儲けした、伝説の相場師がいました。
　どのくらいすごい人かというと、「今日、街であいつを見かけた」という噂が広がるだけで、相場が動くくらい。

高山　それは大物ですね。

奥山　その大物が、あるとき甥っ子にこんな質問をされました。
　「おじさん、相場の神様なんでしょう。どうやったら勝てるようになるのか教えてよ」と。
　伝説の相場師は、「そんなの簡単だ」と言って、こんなこ

とを教えたそうです。

　「20円で米を買うとする。これが19円50銭になるだろう。そうしたら、また買うんだよ。で、これがまた20円に戻ってくる。そうしたら、売るんだよ。これが19円50銭まで下がる。また買うんだよ」と。こうやって、買ったり売ったりを繰り返すと、「しまいには、タダ」だと。

高山　さっきの話と同じじゃないですか？

奥山　はい。まったく同じ話です。

　もう一人、こんどは第二次世界大戦後に、ある有名な損害保険会社の大株主になった投資家がいました。

　時価総額が1兆円を超えるような保険会社の筆頭株主になっていた。それだけの株式を、個人で持っていたのです。

高山　じゃあ、資産が何千億円というレベルですよね。

奥山　そういうすごい人だから、あるとき、新聞記者が取材に来て質問をしました。

　「あなたはいくらくらいであの保険会社の株を買ったのですか」と。

　その投資家は市場価格とはかけ離れたべらぼうに安い価格を即座に答えたそうです。

　この取材は記事になって残っているんだけれども、おもしろいことに、記者さんはスルーしているのです。なぜでしょうか。

おそらく記者さんは、すごい人だと聞いていたけれど．さすがにボケたんだなとか、間違った数字を話しているとでも思ったのでしょう。

　でも、投資をしっかりと勉強してきた人からはどう見えるでしょうか。ボケているなんてとんでもない。「このじいさん、すごい！　本物だ！」と思うはずです。

高山　売り買いを繰り返して、そこまでコストを下げたってことですよね。

奥山　はい。しかも、今いくらなのかをしっかりと把握しているからこそ即答できる。そこがすごいわけです。

高山　すごいですね、投資の世界のレジェンドたち。

奥山　彼らが実践していたような、下がったら買って、戻ったら売って、ということを繰り返してコストダウンしていく投資の方法を、つなぎ売買と呼びます。

　このつなぎ売買を英語でかっこよく言うと、ヘッジ。

　世界のお金を動かしているヘッジファンドと呼ばれる投資会社が、よくニュースに出てくるでしょう。あのヘッジです。ヘッジファンドがやっていることも、同じ考え方をしていると言っていい。つまり、自分たちが買った価格と売った価格をしっかり数えつづけていて、トータルでいくらぶん有利になって、手持ちの財産が市場価格とは関係なく、いくらの価値なのかを数えつづけているのです。

高山　伝説の相場師も、いまのヘッジファンドも、コストダウンを大事にしているのですね。変わらない投資の基本ってことか……。

奥山　「投資とは、取得価格の平均値をコストダウンしていくゲームである」という言葉もあるくらいです。

高山　それは誰の言葉ですか？

奥山　僕の言葉なんだけど。

高山　なるほど。覚えておきます！

奥山　そろそろ時間かな。

高山　今日は「平行四辺形」の話とコストダウンの話を聞いて、取引を繰り返すことの威力がわかった気がします。いまマイナスになっていても、売り買いを続けていれば心配する必要はないんだなって。

この日までの取引実績

開始価格	1,352ドル
約定件数	179 回
買い件数	106 回
売り件数	73 回
現在価格	1,212ドル
合計損益	**−189,887円**

講 義 5

2016年12月某日

合計損益 −556,979円

７万円ぶん有利になる

奥山　では、今日も始めましょうか。
　年末はお仕事が大変でしょう？

高山　いえ、大丈夫です。

奥山　忙しいのに、がんばってますね。
　今日まで4カ月と3週間ほど取引をしてきて、この間に買えた回数が131回。売れた回数が88回。
　ここからは、ざっくりした計算で話します。
　8月に買いはじめたときの価格は1,352ドル。そこから一番値上がりしたところで1,362ドル。そこからザーッと下がっていって、いまは1,132ドル。つまり、230ドル下がったことになります。
　高山さんは5ドルずつ買い下がっているはずだから、230÷5＋1で47枚持っているはずです。取得価格の平均値は真ん中にくるはずだから、1,247ドル。いまの価格が1,132ドルということは、1枚あたり115ドルの負け。それが47枚あるということは、5,405ドルの負けです。
　ということは、現在の為替レートでいうと、63万円以上の損が出ているはずなんだけど、さて、いま画面に表示されている損益はいくらになっているだろう？

高山　約56万円のマイナスです。

奥山 さっき計算したように、1,362ドルから1,132ドルまで、ただ下がってきただけだったら63万円負けているはずなのに……。

高山 実際は、7万円ぶん負けが少ない。

奥山 前回までに教えたことで、もうわかっていると思うけど、売ったり買ったりを繰り返しながら稼いだぶんが7万円あるということです。取引を繰り返すことで、すでに7万円ぶん有利になっている。
　このように取引を続けていって、取引の回数が2,800回になると、200万円ぶん稼いだことになって負けなしになる。これも前に話しましたよね。

高山 実際に何カ月も取引をしてから、もう一度説明を聞くと、「こういうことか」って実感が湧きますね。

奥山 ここらへんが、やってみないとわからないところなんですよ。

投資で食べていくためには

奥山 高山さんも、実際に自分でお金を動かしてみて、いろいろなことがわかってきたと思います。

わかってきたからこそ、あらためて聞きたいこともあるでしょう。

聞いていると思うけど、この講義は次回が最終回です。いまのうちに質問しておきたいことがあれば、遠慮なく聞いてください。

高山　先生にお聞きしたいなって思っていたことがあります。

いまの私は、まだ投資の練習をしている段階です。でも、この講義が終わったあとは、仕事をしながら投資を続けていくことになると思います。

世の中には投資だけで食べている人もいるわけですよね。そういう人って、どれくらいの軍資金で、どんな取引をしているのでしょうか。

奥山　それは、いくら稼ぎたいかによります。

「投資だけで食べていく」と言っても、いくら必要か、どのくらいの暮らしをしたいかは人それぞれでしょう。

高山　うーん……じゃあ仮に、月に20万円稼ぐとしたらどうですか。

奥山　月に20万円ということは、1年間に240万円稼ぎたいということですね。

では、運用利回りは年何％にしますか？　いま高山さんは15％を目指して運用しているわけだけれども。

講義5　2016年12月某日　　137

高山　じゃあ、15％で。

奥山　そこが決まれば簡単です。240万円を15％で割れば必要な軍資金がわかる。

$$軍資金 \times 15\% = 240万円$$
$$軍資金 = 240万円 \div 15\% = 1,600万円$$

　この場合、1,600万円の軍資金が必要となります。つまり、1,600万円用意して、いまの高山さんと同じように取引をすれば、年に240万円稼ぐことができます。

高山　1,600万円ですか。取引の仕方はいまと同じでいいんですね。なんだか、すごく現実的な感じがします。これで食べていけるんですね。
　たとえば将来結婚して、専業主婦になったとして、お金を稼ぎたいと思ったときに、パートで働いても、なかなか月に20万円は稼げないと思うんですよ。
　でも、先生に教えてもらった投資のノウハウがあれば、家事の合間にお金を稼げますよね。すごく夢がある話だと思います。1,600万円貯めてから結婚しようと思います。

奥山　おお。結婚宣言（笑）。投資が上手になるように練習して、1,600万円貯められるようにしちゃったらファンに怒

られるかな……。でも、高山さんは、貯金が趣味だって聞きましたよ。そのくらいは貯められるでしょう。

高山 がんばります（笑）。

先生、もう一つ質問があるのですが。

いまは200万円で運用していて、5ドル下がるごとに1枚買っていますよね。資金が1,600万円になったら、1回に買う量を大きくすればいいのですか？

奥山 今の資金が200万円で、1,600万円の資金で取引するわけだから、単純に8倍して、5ドル下がるごとに8枚買えばいい。

資金が400万円のときは5ドル下がるごとに2枚買えばいいし、1,000万円だったら5ドル下がるごとに5枚買えばいい。やることは同じです。

3回目の講義で、複利の話をしたのは覚えているかな？投資して増えたぶんのお金も資金に加えて運用していくと、年利15％で計算すると、200万円が25年目には5,700万円以上になる。

高山 はい。あっ、そうか。増えたぶんも資金に加えて運用していくということは、軍資金が増えるから、買い方も変えないといけない……。

奥山 そのとおり。

1年	2,000,000円	9年	6,118,046円
2年	2,300,000円	10年	7,035,753円
3年	2,645,000円	11年	8,091,115円
4年	3,041,750円	12年	9,304,783円
5年	3,498,013円	13年	10,700,500円
6年	4,022,714円	14年	12,305,575円
7年	4,626,122円	15年	14,151,412円
8年	5,320,040円	16年	16,274,123円

　このペースで運用していくと、6年目には資金が400万円を超えて、いまの倍になる。9年目には3倍。11年目には4倍。16年目には8倍の1,600万円を超える。資金の増加に合わせて、1度に買う枚数を少しずつ変えていけばいいのです。

　ちなみに、2,000万円の資金で5ドルごとに10枚買っている人は、資金が2,200万円に増えたらどうすればいいだろう？

高山　5ドルごとに11枚買います。

奥山　そうだね。

　ということは、高山さんも2年目に資金が220万円を超えるわけだから、「5ドルごとに1.1枚買う」に変えなくてはいけないはず。

高山　でも、0.1枚は買えないですよね。

奥山　買えません。でも、0.1枚買うのと同じことをする方法はある。5ドルごとに買い下がっていって、10枚目を買うときに、2枚買うようにすればいいのです。まあ、そこまでがんばらなくても、資金が2倍、3倍になったときに1枚ずつ増やしていくやり方でいいと思いますが。

投資が貯蓄を追い抜く！

高山　あの、もう一つ聞いてもいいですか？

奥山　いくらでもどうぞ。

高山　毎年、資金を自分で増やしていく方法もありですよね。仕事して貯金して、それを投資の軍資金に足していくやり方です。

奥山　もちろん。
　じゃあ、毎年200万円ずつ、自分で資金を足していくことにしましょうか。

高山　はい。

奥山　計算すると……200万円で始めて、1年目は15％の利

回りで30万円儲かります。2年目は、230万円に自分で200万円を足して、430万円で運用することになります。

	元金	利子
1年	2,000,000 円	300,000 円
2年	4,300,000 円	645,000 円
3年	6,945,000 円	1,041,750 円
4年	9,986,750 円	1,498,013 円
5年	13,484,763 円	2,022,714 円
6年	17,507,477 円	2,626,122 円

こうして、毎年200万円ずつ足していくと、6年目のはじめには、目標の1,600万円が貯まっていることになりますね。毎年200万円ずつただ貯めていくだけだと、8年目で200×8＝1,600万円だから、9年目になる。けっこう大きな差ですね。

ちなみに、毎年200万円ずつ、自分で資金を足した場合、25年目にはどうなるか。毎年200万円を25年間積み立てるだけだと5,000万円。200万円を複利で運用していった時には、25年目には5,700万円になるんでしたよね。

	元金	利子
25年	425,586,035 円	63,837,905 円

それが200万円ずつ足していった場合、だいたい4億

9,000万円。

高山　（笑）。すごすぎて笑ってしまいますね。

奥山　丸25年たつと、5億円近くになるということですね。たしかにすごい金額です。
　ちょっと金額が大きすぎて、現実感がないかな？

高山　そうですね。そのぶん夢はありますけど。

奥山　こんなやり方もありますよ。軍資金200万円から始めて、年利15％で運用しながら、毎年20万円ずつ資金を足していく。

	元金	利子
1年	2,000,000円	300,000円
2年	2,500,000円	375,000円
3年	3,075,000円	461,250円
4年	3,736,250円	560,438円
5年	4,496,688円	674,503円
6年	5,371,191円	805,679円
7年	6,376,869円	956,530円
8年	7,533,400円	1,130,010円
9年	8,863,410円	1,329,511円
10年	10,392,921円	1,558,938円

12年	14,174,638 円	2,126,196 円
13年	16,500,834 円	2,475,125 円

　これなら、13年目には軍資金が目標の1,600万円を超えます。

高山　毎年20万円足すだけでですか？　これなら十分、やっていけそうです。

奥山　高山さんと同世代の、あまりたくさん貯金はできないという人でも、なんとかなるでしょう。
　注目してほしいところは、利子の金額。働いて足すのは20万円に対して、投資で得られる利益は1年目から30万円。3年目には、働いて足す20万円に対して、投資の利益は46万円。2倍以上です。

高山　働いて貯めるお金より、投資の利益のほうがずっと大きい。

奥山　自分が働いて足す資金よりも、利回り——つまり、「お金が稼いでくれたお金」のほうが上回っているのです。
　5年目になると、高山さんが働いて足すお金が20万円に対して、お金が稼いでくれたお金は67万円になっている。以後、どんどんお金が稼ぐ利回りのほうが大きくなっていきます。

高山 私が働くよりも、お金が働くほうがずっとたくさん稼いじゃうんだ……。

奥山 夢があるでしょう。

高山 そうですね。
　私、アイドルってすごくお金持ちになれると思っていたんですよ。

奥山 なれるんじゃないんですか？

高山 もちろん、それは自分しだいなんですけど……。
　ただ、アイドルとしての仕事だけでは難しい夢も、投資のおかげで叶いそうな気がしてきたなって。

奥山 それはよかった。そう言ってもらえると、教えてきた甲斐があります。
　おそらく、高山さんがいまのペースで、あと2年くらい同じことを続けていると、「もう大丈夫」と感じられると思いますよ。ひとりでお金を増やしていけるようになるはずです。
　投資の必勝法は何かというと、まずは対象を絞り込んで勝つやり方を身につけること。一つでいいから得意技を持つこと。
　いまは200万円で金に投資していますよね。これで「もう大丈夫」という手応えを得たら、株を始めてみたり、為替にも手を広げたりといったことができるようになってくる。金

に関しては、資金がどれだけ大きくても教えた方法で大丈夫。
　そういう意味では、高山さんが一生使えるノウハウを教えたつもりです。

高山　ありがとうございます。「もう大丈夫」と言えるようになるには、まだまだ修行が必要ですけど……。
　でも、最近はマイナスになっていても全然気にならなくなりました。

先生のはじめての話

高山　あらためて思ったのですが、お金をたくさん持っている人ほど、お金を増やしやすいんですね。お金を持っていない人がお金を増やすのは大変です。

奥山　そうですね。貧乏な人が、金持ちになるのは大変です。
　何年か前に話題になったトマ・ピケティの『21世紀の資本』は、まさにそのことを言った本なのです。結局のところ、資本を持っている人がお金を増やすスピードのほうが、お金を持っていない人が働いて稼ぐスピードより速い。それが資本主義の問題だとされているわけです。

高山　母が、私が投資をしているっていう話をしたら嘆いてました。

奥山 「大丈夫か」って？

高山 それもあるんですけど、母はパートで働いていて、月に15万円くらいしか稼げないから、「そういう人は何をやっても稼ぐのは難しいんだね」って。すごく切なくなりました。

奥山 なるほどね。
　僕は、作業服屋のせがれでした。三重県の田舎で、1時間に1本しか列車が来ないようなところで育ったんだけれど。

高山 うちの実家と同じですね。

奥山 田舎だから、作業服屋といっても雑貨屋に近い。そんなに買い物に来る人もいないし、軍手なんて1ダース売れても利益は数十円しかない。そういう商売で、両親は僕を育ててくれた。
　だから、僕も貧乏人なんです、元々は。

高山 そうだったんだ。意外です。

奥山 だから、お金の大事さも知っています。
　投資をするために、うちの会社の口座にお金を入れてくれるお客さんのなかには、余裕がある人ももちろんいる。でも、そういう人ばかりではない。
　「このお金は、もしかしたら生活に必要なお金だったのでは？」

「このお金は、絶対になくしてはいけないお金なのでは？」

いつもそう思いながら、仕事をしているのです。

高山　先生は最初の軍資金をどうやって用意したのですか？

奥山　お年玉やお小遣い、アルバイトして稼いだお金を貯めた150万円で、大学生のときに投資を始めました。

　最初は誰も教えてくれる人がいないから、いきなり100万円を失ってしまって。残り50万円は絶対になくすわけにはいかない。どうしたらいいだろうと思っているときに、たまたま師匠に出会えた。10年たったら50万円が○億円になっていました。

高山　師匠がいるって、大事なことですね。

奥山　自動車をいきなり「運転して」って言われたら、誰でも事故を起こすでしょう。けれども、教習所で隣に教官がいるなかで練習をすれば、たいていの人はうまく運転できるようになる。それと同じことです。

お金を増やす一番の近道

高山　そばに教えてくれる人がいないから、投資について誤解している人も多いと思います。実は、私の父方の祖父はすごく株をやる人だったそうです。

奥山　ほう。

高山　でも、祖父が亡くなったとき、遺してくれた株は価値がないものばかりで。

奥山　かなり損をしてしまったわけだ。

高山　はい。だから……。

奥山　ご家族は懲りている、と。

高山　はい。私が投資をやると聞いても、父は心配のほうが強いみたいで。あまり話も聞きたくなさそうです。

奥山　なるほど。きっと、「投資はギャンブルみたいなもの」というイメージなんでしょうね。

高山　だから、私が先生に教わったことを両親に教えてあげられればいいなと思っています。私自身、先生の話を聞いて、投資に対する考え方が変わったので。私も、投資はギャンブルみたいなものだと思っていましたから。

奥山　実際、そういう投資の仕方もあるからね。

高山　でも、奥山先生に教えていただいたやり方は全然違っ

てました。

　私、思ったんですよ。先生が教えてくれた、決まったことだけをやりつづけるという投資は、本当に真面目で、強い意思を持っている人じゃないとできないことだから、実はすごく難しいんじゃないですか？

奥山　難しいです。たいていの人は邪念が入って、余計なことをしてしまうから。

高山　決まったことを毎日10分くらいやるだけ、だから簡単に見えるけれど、実はすごく難しいですよね。でも、着実にお金が増えていく。

奥山　そう。それが、お金を増やす一番の近道だと、僕は思います。

この日までの取引実績

開始価格	1,352ドル
約定件数	219回
買い件数	131回
売り件数	88回
現在価格	1,132ドル
合計損益	**−556,979円**

講 義 6

2017年2月某日

合計損益　－154,671円

半年間で積み上げたもの

奥山　早いもので、最初の講義から半年です。

高山　そうですね。もう、今回で最後なんですね。

奥山　とりあえず、今日までの高山さんの取引を振り返るところから始めましょうか。

高山　はい。よろしくお願いします。

奥山　8月から高山さんは金ドルの取引を始めました。
　5ドルごとに1枚ずつ買い下がるやり方で、これまでに買えた回数は145回。利益を得るための釣り糸を145回垂らすことができました。
　買った金は7ドル高く売るので、この釣り糸1本につき7ドル儲かることになります。
　ところで、いままでは7ドルを700円で計算してきましたよね。でも、いまの相場は1ドル=113円くらいになっています。

高山　1ドル113円なら、113×7=791円。約800円ですね。

奥山　1回につき7ドルの利益なら、700円ではなく、800円稼げると考えていいでしょう。

800×145＝116,000ということは、すでに116,000円ぶんだけ、「仕込み」ができている。

半年でこれだけ仕込めたということは、1年なら2倍の232,000円のペース。元手が200万円だから、年間11.6％のペースということですね。

高山　年に15％で運用することを目指していたので、ちょっとゆっくりめですか？

奥山　ややゆっくり、でも順調、というところですね。

高山さんは8月に、まず1枚1,352ドルから買いはじめました。それがすぐに値が上がって売れてしまって、再度、今度は1,362ドルから買いはじめました。

そこからずっと買い下がってきて、いまの価格は1,194ドル。高山さんは34枚持っています。

高山　ずいぶん買えましたね。1,362ドルから1,194ドルまで、168ドルも下がったんだ。

奥山　買いはじめたのが1,362ドルということは、普通に考えたら1,362ドルまで値が戻らないと、プラスマイナスゼロにはなりません。1,362ドルより高くなってはじめてプラスになる、得になるはず。

では、いまいくらマイナスが出ているかというと……。

高山　合計損益は−154,671円です。

奥山 そうだね。これは約1,800ドルにあたる。34枚で1,800ドルのマイナスということは、1枚あたり約53ドルの損だ。

ということは、今の価格、1枚＝1,194ドルがいくらまで戻せばプラスになるでしょう？

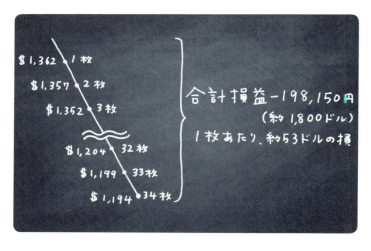

高山 1,194＋53＝1,247ですから、1枚＝1,247ドルを超えたあたりからプラスになりますね。

奥山 正解です。

つまり、1,362ドルから買いはじめているのに、1,362ドルよりもずっと低い1,247ドルを超えたところで、もうプラスに転じてしまう。何度も説明しているけれど、これは売ったり買ったりを繰り返してきたぶんだけ有利になっていると

いうことです。
　高山さん、真面目にやってきてよかったね。

高山　はい。ちょっとサボってしまったこともありましたけど（笑）。

奥山　第3回の講義では、こうやって真面目に取引を繰り返していくと、負けなしになるという話をしましたよね。

高山　はい。覚えてます。
　1回買って売るたびに700円ずつ増えていくから、軍資金200万円で取引を始めた場合、2,800回取引を繰り返せば、200万円積み上がって負けなしになるんですよね。

奥山　それは7ドル＝700円で計算した場合の話だから、7ドル＝800円で計算し直すと、200万÷800＝2,500回で負けなしの状態になります。
　そして、このことを図で表すと、第4回で見た長方形と平行四辺形の図になる。

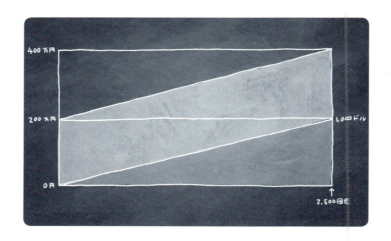

　200万円のお金で投資を始めました。だから、200万円からいくらプラスになったのか、200万円からいくらマイナスになったのか、が損得の基準になる。
　ところが、ずっと取引を繰り返していくと、繰り返したぶんだけ700円ずつ、あるいはいまの為替レートでいうなら800円ずつ、積み上がっていく。

高山　そのぶんだけ有利になるんですよね。

奥山　自分のやっている取引の前提となる状況が、右肩上がりになっていくのです。
　だから、損得や勝ち負けを判断するには、長方形ではなくて平行四辺形をイメージしなければいけない。

高山　投資は、やればやったぶんだけ積み上がるものがある

ということですね。1回で得したとか損したという話ではなくて。

奥山 そこが大事なところです。

　高山さんが目指しているのは年利15％の運用だから、年に10％～20％のペースでコンスタントに仕込めているか、積み上げができているかどうかが一番重要です。

　それさえできていれば、損益が一時的にマイナスになっていても問題ありません。

　初回の講義で、ラーメン屋さんのたとえをしたと思います。

高山 1,000万円の軍資金を集めてラーメン屋さんを開いて、いきなり1,000万円ぶんの材料を仕入れたりはしない、という話。

奥山 それです。よく覚えてますね。

　その一方で、100万円ぶんの材料を仕入れたからと言って、「もう100万円損した」と心配するラーメン屋さんもいません。そんなことよりも、お客さんが増えているかどうかを心配するはず。

　商売の軍資金というものは、当然ながら一気に全部使ってはいけません。かといって、少し減ったくらいで心配するようなものでもない。

　目先のプラスマイナスではなく、儲かるための「仕込み」を積み上げられているかどうかが大事なのです。

長く続ければ負けない

奥山 ところで、高山さんには取引の記録をつけてもらっていますよね。

高山 玉帳ですね。ちゃんとつけてます。データを取ってきて貼り付けているだけですけど。

奥山 ちょっとこれを見てください。高山さんの玉帳のデータから作ったグラフです。

高山 折れ線グラフが2本ありますね。なんだろう、これ。

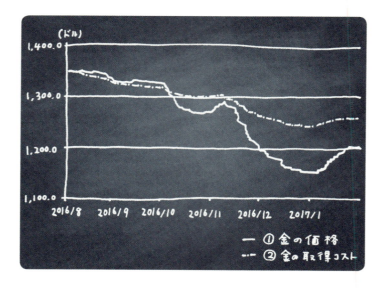

奥山　この二つの線は、①金の価格の変動と、前回話した②取得コストの変動を表しています。

高山　コストダウンの話ですね。

　300円のカードの売り買いを続けることによって、コストがどんどん安くなっていくという話でした。

奥山　そうです。金1枚が市場で取引されている値段と、自分は金1枚をいくらで持っているか、の差が一目でわかるグラフがこれです。

　②の取得コストの線を見ると、ゆるやかに下がっているのがわかるでしょう。これがコストダウンです。この先も取引を繰り返していくと、②の線はどんどん下がっていって、現在の価格である①の線よりも下に行きます。

高山　先生はたしか、金1枚を800ドルくらいで持っているんですよね。ということは、①よりも②のほうがずっと下にあるのでしょうか？

奥山　そうだね。このグラフだと、一番低いところが1,100ドルだから、だいぶ下にはみ出してしまいます。

　もっと取引を続けていくと取得コストは800ドルどころではなくて、いずれはゼロに、そしてマイナスになります。

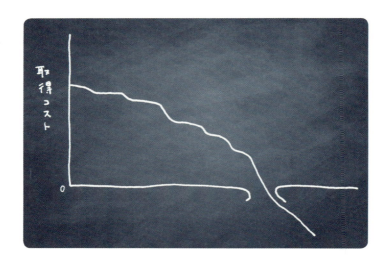

　こうして取引を長く続ければ続けるほど、コストダウンが実感できるようになってくる。すると、「負けないっていうのはこういうことなんだ」とわかるようになりますよ。

高山　「投資とは、取得価格の平均値をコストダウンしていくゲームである」でしたよね。

奥山　ちゃんと覚えていてくれましたね(笑)。
　グラフが伸びていって、②のグラフが①のグラフより下に行ったら、まさに投資の真髄はコストダウンだと実感できるんじゃないかな。
　もう一つ、グラフを見てみましょうか。さきほどのグラフは値段の変動を表したものでしたが、こちらのグラフは損益の変動を表したものになります。

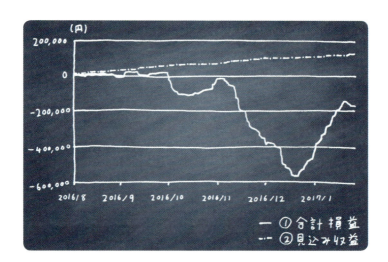

　二つの線は①合計損益と②見込み収益を表しています。
　まず、①の合計損益は、一時50万円以上の損が出て、いま−198,150円になっている。上がったり下がったりの変動を繰り返しているわけです。
　これに対して、②の見込み収益の線を見ると？

高山　ゆるやかに上がっています。取得コストの線とは逆ですね。

奥山　そう、徐々に上がっている。
　この見込み収益というのは、いま高山さんが持っている金が全部売れたら、いくら儲かるかということ。

高山　さっき、800円×145回ぶんで116,000円仕込めてい

るっていう計算をしましたよね。

奥山　それです。このグラフでも、116,000円ぶんだけ②の線が上に行っているのがわかるでしょう。

高山　やっぱり、勝つためには長く続けることが大事なのですね。まずは2,500回取引をするところまで行かないと。半年で145回だから、7年か8年。

奥山　7年後、8年後というと、ずいぶん先に感じるかもしれません。でも、人生はもっと長く続きます。高山さんはあと100年は生きると思ったほうがいい（笑）。

高山　平均寿命がどんどん延びていくんですよね。

奥山　医療や科学技術の進歩で、人間は、ますます死ななくなっていく。もちろん、社会のあり方も変わっていきます。
　ラジオが5,000万人のユーザーを得るのに38年間かかったと言われています。テレビが5,000万人のユーザーを得るのにかかった年数は13年。インターネットは5,000万人のユーザーを得るのに5年しかかからなかった。フェイスブックは、たった2年で5,000万人のユーザーを獲得しました。

高山　どんどん世の中の変化が速くなっているんですね。科学技術の進歩も、きっとそうなのでしょう。

奥山 世の中は1次関数のグラフのようにまっすぐ変化しているのではなくて、指数関数のグラフのように変化しているのです。

複利計算のグラフと同じだね。

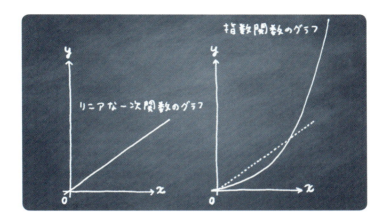

僕くらいの世代はおじいさんになれば死ぬかもしれない。けれども、高山さんの世代は、「お金さえあれば死なない時代」を生きることになるのではないかと僕は思っています。

投資で人生設計が変わった

高山 お金さえあれば死なないって……実は、大変な時代ではないですか？

奥山 そうだね。

これからどういう時代が来るかについては、いろいろな考え方ができるけれども、止められない流れというものが確実にある。たとえばＡＩ、人工知能の発達。

　人工知能が発達すればするほど、単純作業をする仕事はどんどんロボットに置き換わっていきます。工場の作業とか、事務、配送、タクシーの運転とか。

　無人タクシーに乗って「乃木坂まで」と言ったら、自動運転で乃木坂まで連れていってくれる。そのくらいのことはもうすぐ実現するでしょう。すると、タクシーの運転手さんは基本的にいらなくなります。

高山　ＡＩが発達すると、仕事を奪われてしまう人が増えるわけですね。

奥山　となると、何が起こるだろう。稼げない人はどんどん稼げなくなって、貧富の差が大きくなります。

　お金がある人は、最先端の医療でいくらでも長生きできるようになります。逆に、お金がない人は、仕事さえも奪われて、ますます貧しくなっていく。それはもしかしたら恐ろしい時代かもしれない。少なくとも、そういう時代にお金がないのは辛い。

高山　なんだか、怖くなってきますね。

奥山　お金の話を下賤な話ととらえる人もいるけれど、人間らしく生きるためには、やっぱりお金がいるのです。

若いうちは体力にまかせて、長時間きつい仕事をして生活するのもいいかもしれない。でも、60歳を超えても体にムチ打って働かなければいけないのは、どうだろうか。

　自分の好きなことをする余暇の時間も欲しいし、仕事をするにしても自分の本当に好きなこと、得意なことだけをやれるようになっていくほうが幸せでしょう。

　みんな、そのことはわかっているけれども、どうしても自分たちのおじいちゃん、おばあちゃんの世代を見て、「なんとかなるだろう」と思っている。あと何十年かしたら、いまと同じようには年金を受け取れない時代が確実に来るのに。

　世の中は変わっていく。自分はいつまでも若いわけではない。そういう変化に左右されず、幸せに生きていくためには、気づいた時から、お金のことに正面から向き合うしかないと思うのです。

高山　よくわかります。

　私は、先生の講義を受けはじめて、お金のことを学ぶようになってから、人生設計についての考え方が変わったんですよ。

奥山　それはぜひ聞きたいですね。どんな変化があったのですか？

高山　いままでも、漠然と「お金はあったほうがいいんだろうな」とは思っていたんです。じゃあ、どうすればいいかと考えたときに、「自分の持っているお金を増やす」という考

えには至りませんでした。

　「とにかくがむしゃらに働くしかないのかな」「そのためには結婚は遅めのほうがいい」「できるかぎり働いてお金を貯めてから結婚しよう」「結婚した後も、仕事はしないといけないんだろうな」と考えていました。

奥山　自分で働いてお金を稼ぐしかない、と。

高山　はい。しかも、アイドルの仕事はずっとやっていけるわけではない。働かないとご飯が食べられないから、アイドル以外の仕事のこともずっと考えていました。

　30歳を超えて、「アイドルはもう無理」となったときになんの仕事に就こうかなって。

　でも、他の仕事って何ができるだろうと考えると自信もないですし。そうなると、つい現実から目をそむけがちだったんですよ。正直に言うと、あまり考えたくない。

奥山　貯金が趣味だったというのは、そういう将来に対する不安みたいなものもあって、なのかな？

高山　そうです。

　もともと貯金が好きだったわけではなくて、お小遣いでもアルバイトの給料でも、全部使っちゃうタイプだったんです。バイト代でギターを買って1週間で飽きたりとか（笑）。

　でも、アイドルになって、一人暮らしを始めてから変わりました。

友だちはみんな大学に行って、卒業したら安定した職に就くけれど、自分にはそれがない。グループも始まったばかりでどうなるかわからない。それが怖くて、貯金していました。

でも、奥山先生の講義を受けはじめてから、将来について考えるのが楽しくなりました。

奥山 自分が生きていくためのお金はなんとかなる、ということがわかると、自分がなにをしたいのかが見えてくるし、実際にチャレンジできるようになってくるのです。

アイドルのセカンドキャリアとして、たとえばアパレルの世界に進みたいなら、30歳であらためてデザイン学校に通いはじめる、ということだってできる。海外で何カ月かボランティア活動をやって見聞を広げてもいいし、高山さんだったら、山にこもって小説を書いたらすごい作品が生まれるかもしれない。

お金はなんとかなると言える状況であれば、人生設計の幅が広がるよね。

やりたい仕事をするために

高山 人生設計の幅はたしかに広がったと思います。

私はもうすでに、アイドルという夢を叶えてもらったんですよ。そのかわり、アイドルをやめたあとは、生きるために働かないといけないと思っていました。やりたいことを仕事にしようとは思えなくて、どうやって食べていくか、という

ことだけを考えていました。

　でも、先生の話を聞いているうちに、アイドルをやめた後も、自分のやりたい仕事ができたら、やっぱりそういう人生のほうが素敵だなって思うようになりました。

奥山　高山さんが、アイドルの次にやりたい仕事ってなんですか？

高山　ずっと本屋で働きたかったんです。本が好きだから、「死ぬまでに本屋さんで働くのが夢だ」と言ってたんですけど、実際には難しいと思っていました。

　本屋さんで雇ってもらえるとしても、たぶんアルバイトだろうし、生活していけるだろうかって。

　でも投資で、生きていくためのお金がなんとかなれば、プラスアルファで自分のやりたい仕事をする、という生き方もできるんですよね。

奥山　10年もすれば、投資だけで食べていけるようになるんじゃないかな。

　いまはまだ、投資家としてはよちよち歩きの段階だから、儲けたといっても10万円、20万円といったレベルだけれど、前回言ったように毎年200万円ずつ資金を足していくやり方なら、ほんの数年で、足す資金よりも増える金額のほうが多くなる。

　そこまでは毎日、歯磨きをするように続けていくこと。それだけでいいのです。

逆に、たとえ扱う金額が大きくなったとしても、投資のために使う時間は、1日に10分とか15分にしておくことを忘れないように。投資というのは、あくまでもお金に仕事をさせるべきなのです。

　そうなってくると、人生が見違えるように変わってくると思います。

高山　先のことを考えて、毎日コツコツ続けていこうと思います。花に水をやるように、世話をするんですよね。

読み・書き・そろばんの本当の意味

奥山　そういえば、お正月はお母さんに会われたんじゃないですか？　投資について、何か話はしたの？

高山　投資の話をしたわけではないんですけど、やっぱり母も将来が不安みたいで。何気なくポロッと口に出すんですよ。「老後は年金だけでやっていけるのかな」みたいなことを。

奥山　それで、高山さんはどう答えたの？

高山　そういうときに、「大丈夫、私が何とかするから」と言えるだけの人になれたらいいんですけど……。

奥山　まだ言えないですか。早く言えるようになるといいね。

高山 はい。

　私、きょうだいがいないので、両親の将来をすごく考えてしまうんですよね。

　母に「大丈夫」って言えるように、しっかりとお金のことを学んでいきたいと思います。

奥山 おそらく高山さんは、この講義を受けるまでは、お金について教えてもらった経験はなかったと思います。家庭でも、学校でも。

高山 ないですね。

奥山 たとえばアメリカでは、2回目の講義で話した複利の話などは小学校で普通に習います。

高山 そうなんですか。日本の学校は、お金の話はほとんどしないですよね。お金のことがわからないのを恥ずかしいとも思わないし。母と話していても、自信を持って「わからない」って言うんです。「知ろうとは思わないの？」と聞くと、「知りたいけどね」とは言うんですが。

　私自身も、こういう機会がなかったら勉強しなかったでしょうし。

奥山 日本でも、昔は子どもにお金のことを教えていました。昔というのは、寺子屋で教育をしていた時代です。

「読み・書き・そろばん」という言葉があるでしょう。そろばんというのは、算数ではなくて、どちらかというとお金の管理の仕方に近い。お金の勉強だったのです。

それが、いつの間にかお金については知らなくても恥ずかしくない、ということになってしまった。

高山　日本では、投資というと特別な人がやるもの、というイメージになっているのは、教育のせいもあるのでしょうか。

奥山　日本にかぎらず、アジアでは全般に、投資というとギャンブル的な性格が色濃く出てしまうせいもあるでしょうね。

この講義でも何度か言ったけれども、博打っぽいやり方をしたら、投資はだいたい失敗します。失敗する人が多ければ「投資なんかやめておけ」という人も多くなる。

特に日本では、ある世代より上の人たちは、バブル崩壊で身ぐるみ剝がされた人をたくさん見ています。そのトラウマもあって、いっそう「投資なんかやめておけ」と言いたくなるのでしょうね。

高山　そういうことだったんですね。それで誰もお金の勉強をしないし、知らないからなおさら投資を怖がるようになっていく。

奥山　だから、僕は高山さんに期待しているのです。

高山　私にですか？

奥山　僕はこうやって講義をすることで、高山さんの人生に少しだけ関与することができたと思う。その結果、高山さんは、他の人とはちょっと違う人生を歩んでいけるかもしれない。そういう影響を与えられたとしたら、とてもうれしいことです。

高山　私のほうこそ、先生にはとても感謝しています。

奥山　ただ、僕が何かを発信して、影響を与えられる人は限られている。直接このように話して、一緒に手を動かして学んでいける人数は限られていますから。
　そして僕に比べると、高山さんは世の中に発信していく力がずっと大きい。
　影響力のある人が、「お金について学ぶことは大事だよ」「投資とはこういうことなんだよ」と発信していくことで、世の中が変わっていけばいいなと思っています。それは、乃木坂46というアイドルグループの一員である高山一実さんにしかできないことです。

高山　本当に、そういう役目ができたらうれしいんですけど。
　私自身が、投資の勉強をしていて楽しかったので。だから、これから誰かに「投資してるんでしょう？　投資ってどうなの？」と聞かれたら、嘘のない言葉で伝えられるとは思います。

いまはまだ利益が出ていないし、自分の力でお金を増やせるって言えるようになるまでには、まだ時間がかかると思います。でも、投資は時間がかかるものですよね。

　だから、これからも学びつづけながら、自分にできる範囲で発信していきたいと思います。それで、ずっと先になって、「コツコツ長く続けていたら、こんなにいいことがありましたよ」と言えたら、私の言葉にも重みが増すと思うんです。

奥山　何度も計算したけれど、10年あれば相当な結果が出ることになる、はずです。

高山　楽しみです。

お金はお金でしかない

高山　先生は、私も含めてたくさんの人に投資のやり方を教えていますよね。

奥山　そうですよ。

高山　普通は、うまくいく方法を知っていたら、自分だけのものにしておきたくなるものだと思うんですよ。それをどんどん教えてくださるのはどうしてですか。

奥山　それは……答えになるかどうかわからないけれど、最

後に少しだけ精神論を話して終わりにしましょうか。

　これまでお金の勉強をずっとしてきたわけですが、世の中は、お金がすべてではありません。お金より大事なものが山ほどあります。

高山　はい。それはそうだと思います。

奥山　お金なんて、しょせんお金です。

　ただし、明日のご飯にすら困っている人、住む場所がない人は、お金より大事なものがあるとは言えません。

　あるいは、いまの日本には、将来に対して不安を持っている人が多い。そういう人たちがなぜ不安なのかといえば、やはりお金が原因になっていることが多い。そういう人に「お金がすべてではない」といくら言っても、不安は消えないでしょうね。

　「お金より大事なものがある」「お金はお金でしかない」と言えるためには、逆説的だけれども、お金が必要なのです。

　自分でお金を増やせる、なんとかお金に不自由せずにやっていけるという確信が、自分のなかにあってはじめて、「人生はお金じゃない」と言える。

高山　それはよくわかります。やっぱり、お金に不安があったら、お金のことばかり考えてしまうでしょうし。

奥山　僕が投資について教える理由、日本人がもっとお金について勉強するべきだと思う理由はそこにあります。「お金

より大事なものがある」「お金がすべてではない」と言える
ために、もっとお金について学ぶべきだと思うのです。

　求める幸せのかたち、豊かさの定義は人それぞれだと思う
けれども、生きている以上は誰だって幸せになる権利がある。
1人でも多くの人に幸せになってほしい。お金のために生き
るのではなく、自分にとって大事な宝物を見つけて生きてほ
しい。

　お金についての知識は、幸せになりたいすべての人に必要
な基礎教養なのではないか。僕はそう思います。

高山　だから、「読み・書き・そろばん」なんでしょうね。
読み書きと同じくらい基本的で、大切なこと。

奥山　あとは、投資を通じて、人生にとって大事なことを学
べる、ということもあるかな。

　僕が高山さんに教えたことは、実は当たり前のことばかり
です。とんでもないウルトラテクニックを教えたわけではな
い。言ってみれば、水が高いところから低いところに流れる
ように、「普通に考えればこうなるよね」という当たり前の
ことを、丁寧に説明しただけのつもりです。

高山　でも、それが難しい。普通のことが難しい。

奥山　うん、ほとんどの人は、当たり前のことが見えていな
いからね。当たり前のことを当たり前に実践すれば、投資は
うまくいくのに。

人生で成功するためには、当たり前のことをしっかりと勉強して、実践する必要がある。そのことを実感するのに、投資はいい教材になると思うのです。

　それと、高山さんは先ほど「投資は時間がかかるもの」と言っていましたよね。

高山　はい。それも先生から教わったことです。時間をかけて、積み重ねていくことが大事。

奥山　そのとおり。継続は力なりです。

　それは歌やダンスでもそうだろうし、どんな仕事でも同じでしょう。続ければ続けるだけ慣れていくし、上手になっていく。

　一発大当たりを狙うのではなく、コツコツと積み上げていくこと。継続すること。このことが、どれだけ人生を豊かにしてくれるか。

高山　継続できる人は、振り返ったときに幸せを感じることができる人なんじゃないかと思います。

　コツコツと積み上げていって、あるときふっと後ろを振り返ると、「うわっ、ここまで来たのか！」と驚く。そうなったら、幸せじゃないですか。

奥山　その通りですよ。ある日突然、ナンバーワンのアイドルになっても、たぶんうれしくないでしょう。一生懸命努力してきた日々の積み重ねがあるからこそ、ナンバーワンにな

った時に「やった」という手応えが得られる。

高山 そうですね。本当にそう思います。

奥山 投資というと、一攫千金のようなイメージを持つ人が多いのです。でも、実際に投資を通じて学べることは、積み上げることの大切さ。継続は力なりということ。
　……と、そんなことを、高山さんが投資の勉強を通じてあらためて感じてくれればうれしいです。
　というわけで、僕の授業はこれで終わりです。

高山 ありがとうございます。

奥山 これからもがんばって。

高山 はい。継続は力なり、ですね。

奥山 困った時はいつでも相談に来てください。

高山 えっ、いいんですか？

奥山 教えた以上は、ずっと先生だからね。

高山 ありがとうございます。これからずっと続けていきます。

	この日までの取引実績
開始価格	1,352ドル
約定件数	256 回
買い件数	145 回
売り件数	111 回
現在価格	1,194ドル
合計損益	**−154,671円**

あ と が き
みなさんの人生に役立ちますように

　去年の8月に投資をはじめてから、もう1年がたとうとしています。
　講義が終わった時にはマイナスだった損益も、最近はプラスになりました。

　マイナスでも大丈夫、と奥山先生は繰り返しおっしゃっていたし、なぜ大丈夫なのかはちゃんと理解したつもりですが……正直に言って、純資産が赤字になっているよりはプラスになっているほうが安心感はあります。
　ただ、最近では値下がりしているときでも、「そのぶん将来の利益の仕込みができているんだ」と楽しむこともできるようになってきました。
　先生がおっしゃっていた、「下がるとうれしい」という境地に近づけているのかなと思います。

　1年間、取引を続けてみて、「これからも、投資をしてお金を増やしていこう」という思いが強くなりました。
　実際に大きな金額のお金を動かしているんだ、という怖さというか、緊張感のようなものはいまだにあります。
　でも、奥山先生が教えてくださったこと、それを実践してみる経験を通じて、投資に対する不安は1割くらいになったと思います。あとの9割は、期待です。

これから何十年も、先生に教えていただいたノウハウを生かして、うまくお金と付き合っていけるだろうと思えるのです。

　取引をはじめたばかりのときには、注文を入れ忘れたり、買い注文の量を間違えたりとたくさんミスをした私が、どうにか今日まで続けてこられたのは、サポートしてくださった奥山先生やマネーパートナーズのスタッフの皆さんのおかげです。
　あらためてお礼を申し上げます。本当にありがとうございました。

　この1年間で変わったと感じることは、他にもあります。
　先生の講義を受ける前は、世界情勢の変化によって市場が動いて、それを見て「売りどき」や「買いどき」を見極めて取引するのが投資だと思っていました。
　今の私は、もちろんそういう投資はしていません。未来のことは予測できない。だから、値上がりするときも、値下がりするときも、最初に決めた通りのことをやるのが投資だ、と知っています。
　でも、コツコツと投資を続けて、売り買いの記録をつけていると、世界のどこかで起きた出来事によって値段が変動することもたしかに実感します。
　新しい大統領が生まれたり、ミサイルが飛んだり、労働統計が発表されたり……。
　そんなとき、自分の生活と、世界とがつながっているんだ

と感じるのです。これは、投資をはじめなければ味わえなかった感覚だと思います。

　投資をしているということで、仕事でお会いした共演者の方に興味を持っていただくことも増えました。
　ずっと年代が上の方と、資産運用について会話するなんて、以前の私には考えられなかったことです。
　投資に挑戦することで、私の世界はずいぶん広がったと思います。

　私のことを心配していた母とは、しばらく投資の話はしていません。たぶん、まだ続けているとは思っていないのかも。「今も投資を続けている」と言えば、心配するだろうと思います。
　この本が出て、母に読んでもらうことができたら、少しだけ安心してくれるかもしれません。
　そして、私がこの先何年も、投資を続けていくことで、母の考え方も変わっていくのかなと思っています。
　もしも将来、生活をともにする人が現れたら、その人にも、この本を見せたいです。私がどんなふうにお金と向き合っているかを理解してもらえたらいいなと思います。

　講義を受けながら、私は奥山先生の「みんなに幸せになってもらいたい。そのために、自分の持っているノウハウを惜しみなく伝えたい」という優しさを感じました。
　私も、先生と同じ気持ちでこの本を読者のみなさんに届け

ます。
　この本が、みなさんの人生に役立ちますように。みなさん
が幸せになりますように。

2017年8月　高山一実

1年間の取引実績	
始価格	1,352ドル
約定件数	431 回
買い件数	224 回
売り件数	207 回
現在価格	1,290ドル
合計損益	113,684円

あとがき
小さな成功を積み上げ続けていくこと

　あとがきの冒頭で言わせてもらうなら、高山一実さんはとても良い生徒さんでした。芸能界という多忙かつ競争を極める世界にいながら、6カ月間「素直」に投資に向き合ってくれました。

　誰でもお金は欲しいものですが、欲が上回るあまりギャンブルになってしまう人が大半であり、また自分がギャンブルをしていると気付かず大切な財産を失ってしまう人が多いのが実際です。株であれ、外国為替であれ、高山さんに取り組んでもらったゴールドであれ、取り組み方によっては投資ではなくギャンブルとなってしまいます。

　文中いささか過度に表現しているところもありますが、皆さんが生きていくこれからの未来は長寿の時代であり、より社会的格差が大きくなっていく時代です。先々の不安におびえるのではなく、今の人生を楽しみながら、将来もまた今以上に充実した人生を過ごしていくには、貯蓄だけではとうてい無理でしょう。だからこそお金に仕事をさせる、お金とうまく付き合っていく。そのために投資の基礎を身に着けておく必要があります。

　四六時中変動するマーケットにかじりついている必要はありません。我々の目的は、いかにうまくお金に仕事をしてもらうかであり、お金儲けの亡者になることではないのですから。毎日歯磨きをするのと同じように、植物やペットの世話

をするのと同じように、毎日少しの時間だけ投資に取り組み、自分の財産の世話をし続けていく。日常のなかの当たり前の行動の一つとして投資を続けていく。そういう習慣が皆さんの身につけば、必ずや皆さんの人生は、今以上に豊かなものになるでしょう。

　基本となる考え方や練習をせずに徒手空拳で投資に挑み、欲のあまりリスクを取りすぎたり、場当たり的な取り組みによって失敗をする人が多すぎるために、結果として投資は、ネガティブにとらえられがちだったり、ギャンブルに近い下賤なものとしてとらえられがちです。このイメージは皆さんそれぞれが基本を理解し、堅実に実践として投資に取り組み続けることからしか払しょくしていくことはできません。

　小額の資金でさえ上手にコントロールできない人が、大きな金額の財産をコントロールすることはできません。小額であればあるほど丁寧に、なくなってしまわないように堅実に取り組む必要があります。

　一方で、資金をなくしたくないからといってリスクを取らない人、貯蓄しかしない人も多くいるのでしょうが、それでリスクがまったくなくなるということはありません。大なり小なり、私たちは常時リスクにさらされ続けています。街を歩いているだけでも事故にあう可能性はありますし、地震などの災害に予期せずして巻き込まれる場合もあります。90年代後半は銀行の破たんが相次ぎました。銀行金利が限りなくゼロに近い状態が続くなか、物価は少しずつ値上がりしています。為替レートが1ドル80円の時と現在を比べれば、

100万円が同じ100万円のままであったとしても、ドル評価で見れば3分の1ほども日本国民の財産は目減りしています。

何もしないでいても、自分たちがリスクにさらされ続けていることを認識し、どうリスクと上手に付き合っていくかを考える必要があります。

人生は選択の連続です。選択しなければ失敗しないかというと、むしろ選択しないほうが大失敗に一番近い。リスクを認識できれば、リスクは認識の範囲に留まります。そのリスクにトライすることによって得られる対価がリターン（成果）です。試合に出ずして試合に勝つことはできません。大切なのは無理なく取り組み続けられる、トライし続けられる、そういう状況を意図して自分で作り出していくことです。

一攫千金を狙うのではなく、状況に流されるのではなく、小さな成功でいいから継続して積み上げ続けていくこと。継続に勝るものはありません。そのことに気が付けば、振り返れば皆さんの後ろには大きな宝の山が積みあがっているはずです。教えた生徒さんである高山さんの人生が豊かなものになってくれることを心から願うとともに、この本を読んでくださった皆さんの人生も、また豊かなものになってくれることを願いつつ、本書のあとがきとさせていただきたいと思います。

2017年夏

奥山泰全

〈著者略歴〉

高山一実（たかやま・かずみ）
1994年生まれ。千葉県出身。人気女性アイドルグループ・乃木坂46のメンバー。2011年8月、乃木坂46の1期生オーディションに合格。2012年2月CDデビュー。乃木坂46での活動のほか、バラエティ番組にも多数出演して活躍、2016年4月から雑誌「ダ・ヴィンチ」誌上にて小説「トラペジウム」を連載するなど、多彩な才能を開花させている。ニックネームは、かずみん。
http://blog.nogizaka46.com/kazumi.takayama/

奥山泰全（おくやま・たいぜん）
1971年生まれ。三重県出身。慶應義塾大学商学部卒業。個人投資家時代に資金を8年間で400倍以上に増やしたことから「伝説の相場師」と呼ばれる。トレイダーズ証券取締役を経て、2006年8月より株式会社マネーパートナーズ代表取締役社長に就任、赤字だったマネーパートナーズを顧客の目線で改善し、わずか1年で上場させる（現任）。2017年6月日本仮想通貨事業者協会会長にも就任。著書に『株式投資入門の入門』（東洋経済新報社）、『崖っぷち投資家ボコられ経営塾』（ダイヤモンド社）などがある。

装　　丁――片岡忠彦
写　　真――永井 浩
イラスト――風間勇人
編集協力――鈴木初日

プロデュース――澤 昭人

お金がずっと増え続ける

投資のメソッド
──アイドルのわたしでも。

2017年9月19日　第1版第1刷発行

著　者	高　山　一　実	
	奥　山　泰　全	
発 行 者	安　藤　　　卓	
発 行 所	株式会社ＰＨＰ研究所	

京都本部　〒601-8411　京都市南区西九条北ノ内町11
　　　　　文芸教養出版部　☎075-681-5514（編集）
東京本部　〒135-8137　江東区豊洲5-6-52
　　　　　　　　普及一部　☎03-3520-9630（販売）
PHP INTERFACE　　http://www.php.co.jp/

組　版	有限会社エヴリ・シンク
印 刷 所	図 書 印 刷 株 式 会 社
製 本 所	

Ⓒ Kazumi Takayama & Taizen Okuyama 2017　Printed in Japan
ISBN978-4-569-83866-3
※本書の無断複製（コピー・スキャン・デジタル化等）は著作権法で
認められた場合を除き、禁じられています。また、本書を代行業者等に
依頼してスキャンやデジタル化することは、いかなる場合でも認めら
れておりません。
※落丁・乱丁本の場合は弊社制作管理部（☎03-3520-9626）へご連絡
下さい。送料弊社負担にてお取り替えいたします。

PHP文庫

憲法主義
条文には書かれていない本質

内山奈月／南野 森 著

もしも国民的アイドルが日本国憲法を本気で学んだら……。憲法を暗唱するアイドルと、気鋭の憲法学者による1億人のための憲法講義。

定価 本体七六〇円
（税別）

PHPの本

選挙ってなんだろう!?

18歳からの政治学入門

選挙、政治、民主主義の本質とは何か。弁護士であり、国会議員でもある大物政治家がアイドルに語りかける18歳からの政治学入門。

高村正彦／島田晴香 著

定価 本体一、〇〇〇円（税別）

PHPの本

なぜ彼女が帳簿の右に売上と書いたら世界が変わったのか?

衛藤美彩／澤　昭人　著

「複式簿記」が存在しないパラレルワールドを舞台に現役アイドルが大活躍!　SF仕立てのエンターテインメント・ビジネスノベル。

定価　本体一、四〇〇円
（税別）